JN231332

事例で学べる 行政判断

係長編 ▮第1次改訂版▮

自治体係長の職場対応力が楽しく身につく厳選70ケース

自治体行政判断研究会 編

公職研

　自治体において、係長は大きな役割を担っている。日常業務の適正な執行、新規事業の立案、係の人事管理など、係長は、自治体運営の土台を受け持っている。また、住民の声に直に接してニーズを肌で感じ取るのも、実務の最前線に立つ係長に他ならない。部長や課長といった管理職は、議会対応やマスコミ対応などを主たる業務としているが、係長の支えなくしてこれらの業務を適切に進めることはできない。さらに、少子高齢化による地域社会の衰退、頻発する児童虐待、住民の経済的格差の拡大など、次々と新たな政策課題が立ち現れる今日、係長の重要性は増大することはあっても、決して減じることはない。係長の的確な判断が住民福祉の増進に直結すると言っても、過言ではないのだ。

　本書は、このように自治体の要となる係長が、日常的に直面する課題にどのように取り組むかを考えるために企画された。頁を開いていただけば、そこには読者の身の回りで起こり得る事例が登場するはずである。当研究会では、繰り返し議論を重ねて事例を検討し、可能な限り現実に即した対応策を示している。

　言うまでもなく、実際に発生する課題は一つひとつが個性を持っており、全く同じものはない。しかし、読者が職場で課題への対応を迫られたとき、本書に登場する事例を参考にしていただければ、必ず何らかのヒントが得られるはずである。本書が、読者の経験や知恵を少しでも補うことができれば、望外の喜びである。

　　　　　　　　　　　　2019年4月　　自治体行政判断研究会

目次

1章　係長と上司

○コミュニケーション

○マネジメント

○危機管理など

2章　係長と係長

○コミュニケーション

3章　係長と部下

○コミュニケーション

○マネジメント

4章　係長と議会・住民・マスコミ

◎係長と議会

◎係長と住民

○服務規律

○危機管理など

◎係長とマスコミ

○マネジメント

○危機管理など

係長と上司

情報を部下に流さない課長

Q

Aは、市の計画課の調整係長であり、同課では、半年後の発表を目指して、市の総合計画の策定を進めている。同課には、計画担当係長が3人配置されて庁内の各部を分担して担当しており、A係長は、課長の指示を受けて課内を調整する役割を担っている。しかし、B計画課長は、市長や市議会の意向といった重要な情報をA係長に知らせず、「上の意向だから」とだけ伝えて、計画策定の方針を頻繁に変更していた。このため、各部からは、方針変更のたびに作業が手戻りになることに不満が出始めた。この場合、A係長の対応として最も妥当なのは、次のうちどれか。

A

❶　重要な情報を各部に知らせることはできないので、計画担当係長に、「上の意向」という理由で各部を納得させるよう指示をする。

❷　B計画課長に各部の状況を説明し、少なくとも、各部の納得を得るために必要な情報は示してもらうよう依頼する。

❸　B計画課長に各部の状況を説明し、B課長が保有する重要な情報すべてを、自分と計画担当係長に示すように依頼する。

❹　計画担当係長の調整能力が低いことが原因なので、自らが直接各部へ説明して納得を得るようにする。

❺　B計画課長は重要な情報を部下に示すことができない理由があることから、B課長自ら各部と調整をするよう依頼する。

解説

　市の長期計画の策定は、全庁を挙げて取組む作業であり、計画課だけでできるものではない。具体的な事業を所管する庁内の各部が計画案を作成し、その計画案について計画課が各部と調整して取りまとめていくこととなる。

　また、長期計画は、今後の市政運営の基本となるものであるから、市長の意向が反映されることは当然のこと、市議会の各会派の意見、関係団体の要望など様々な要素を考慮に入れなくてはならない。このため、計画課においては、庁内各部の意見だけではなく、市長、議会などの意向も把握する必要があるが、その中には、機密性の高い情報も含まれているため、計画課長としては、そのすべてを部下に示せるとは限らない。

　一方、長期計画の策定においては、庁内各部が日常業務以外の多くの作業を行わねばならず、実効性のある充実した計画を策定するためには、事業を所管する各部の協力が不可欠である。

　事例についてみると、各部は、理由もほとんど知らされずに作業のやり直しを計画課から求められている状況であり、不満が出るのは当然である。したがって、A調整係長としては、各部が納得できるだけの情報をB課長から示してもらうよう努力し、その情報を、計画担当係長を通じて各部に示すことにより、各部の納得を得るようにする必要がある。

❶　誤り。「上の意向だ」というだけでは単なる押しつけであり、作業の手戻りについて、各部の納得を得ることは難しい。

❷　妥当である。B計画課長としても、すべての情報を示すことはできないので、各部を説得するうえで必要な情報を求めるべきである。

❸　誤り。管理職であるB課長としては、市長や議会に関する情報をすべて部下に話すことはできない。

❹　誤り。たとえ調整係長が直接各部へ赴いても、作業の手戻りが必要となる理由を示すことができなければ、各部は納得しない。

❺　誤り。B課長から情報を得る努力をせずに、各部との調整をB課長に要請するのは、自らの職務を放棄していることとなる。

【正解　❷】

係長を飛び越して指示する課長

Q

　本年4月、Aは、県庁H課の調整係長として異動してきた。H課は、県内の市町村と調整しながら進める業務が多く、過去の様々な経緯を踏まえた判断が必要となる。A係長は、H課に勤務するのは初めてであるが、上司のB課長はH課の係長を2ポスト経験しており、H課の業務に詳しかった。また、A係長の部下のC主任は、H課に8年間勤務しており、業務に通暁するとともに市町村の関係者にも知り合いが多かった。B課長は、A係長の着任当初から、A係長を飛び越してC主任に指示を出すことが多く、このため、A係長は、調整係の動きを十分に把握できず、業務がやりにくくなっている。この場合、A係長の対応として最も妥当なものは、次のうちどれか。

A

❶　B課長とC主任はともに業務に詳しいことから、当分の間は、C主任からB課長の指示を聞いて、必要に応じて自分も指示を加える。

❷　C主任に対して、B課長から直接に指示を受けていることを注意し、今後は、B課長からの指示を受けないように指導する。

❸　B課長に対して、C主任に対して直接指示するのではなく、C主任同席のもと自分に対して指示するよう依頼する。

❹　B課長に対して、自分が調整係の業務を把握すべきなので、すべての指示は自分に直接出すよう依頼する。

❺　H課の他の係長とともに、B課長に対して、各係に対する指示は必ず係長に対して行うよう依頼する。

解説

　組織原則の1つに「命令一元化の原則」がある。これは、命令は1人の上司から一元的に行われなくてはならない、というものである。この原則によれば、1人の部下に対して複数の上司から命令が出されてはならず、また、上司は、自分の部下を飛ばしてさらにその部下に命令を出してはならない。この原則を無視すると、命令を受ける部下は、どの命令に従うかが分かりにくくなり、組織としての業務遂行に支障を来すおそれがある。

　ただし、この原則は機械的に当てはめることはできず、災害対応など緊急の対応が求められる場合は、この原則に反することが必要なときもある。その場合は、事後的に関係者に事情を説明して情報の共有を図るなど、必要な措置をとるべきである。

　事例についてみると、B課長は日常的に命令一元化の原則を無視しており、しかも、A係長には十分な説明を行っていない。したがって、A係長としては、B課長に対して指示は自分に対して行うよう求める必要がある。その一方、B課長が業務に詳しいC主任を頼りにしている現実も考慮し、B課長がC主任の意見も聞ける形で、A係長に指示を出すように持っていくのが穏当である。

❶　誤り。組織としての指示のラインは課長から係長に対してであり、後追いで主任から課長の指示を聞き出すのは不適当である。

❷　誤り。C主任としては上司であるB課長の指示を拒むことはできず、この場合のA係長の指導はC主任を困惑させるだけある。

❸　妥当である。B課長としては、業務に詳しいC主任の判断も聞きたいと思われることから、C主任を同席させればB課長も安心する。

❹　誤り。理屈としては正しいが、B課長は業務に詳しいC主任の意見も聞きたいと思っており、A係長の主張は聞き入れない可能性が高い。

❺　誤り。B課長は、業務に詳しいC主任を頼りにしている面があるので、他の係長とともに要請しても納得しない。

【正解　❸】

11

すぐに感情的になる課長

Q

　Aは、市民生活課の庶務係長である。市民生活課は、市民センターの管理などを所管している。A係長の上司であるB課長は、部下から悪い報告を受けると、部下を怒鳴りつけることが頻繁にあった。このため、職員は、B課長への報告を極力避けて業務を進めるようになっている。

　ある日、A係長は、市民センターの補修などを担当するC管理係長から、「昨日、D市議会議員から、『市民センターのトイレに段差があるから、直ちに改修しろ』と叱責されたが、今年度は予算がないので難しい。B課長には報告せずに、自分からD議員にその旨を伝えておく」と言われた。D議員は、市民センターについて強い関心を持っており、これまでも、市議会において質問を繰り返している。この場合、A係長の対応として最も妥当なものは、次のうちどれか。

A

❶　C係長に対して、直ちにB課長にD議員の件を報告し、判断を仰ぐように強く勧める。

❷　B課長に対して、課の職員が課長を避けている状況を丁寧に説明するとともに、D議員への対応を相談する。

❸　B課長に対して、C係長とともにD議員の件を報告するとともに、感情的な対応をしないよう強く進言する。

❹　B課長の様子をうかがいながら、気持ちが落ち着いているときを見計らって、D議員への対応を相談する。

❺　C係長とともにD議員と面会し、今年度は、市民センターの改修は困難である旨を丁寧に説明する。

解説

　課長は、部下からの報告を受けて判断を下し、部下に指示を出すことを通じて業務を行うのが基本である。部下としては、悪い報告は課長に上げにくいものであるが、悪い情報こそ速やかに課長に伝えなくてはならない。部下には手に余る問題であっても、課長ならば対応できることが多いからである。一方、課長は、悪い報告こそ、早く自分に上がるような組織風土を作らなければならない。

　事例をみると、B課長はこれとは反対のことをしてしまっている。悪い情報を上げると怒鳴られるようでは、部下は上司に報告をしなくなってしまう。これでは、B課長は正しい判断を下すことができない。B課長には、部下に対して感情的に行動することを改めてもらう必要がある。その一方で、D議員の件は、今までの経緯に照らして、年度内に何らかの対応をする必要があるかもしれず、この点は、管理職であるB課長が判断しなくてはならない。

　そのためには、B課長に課の職員の現状を丁寧に説明することで、職員への対応についてB課長が自ら気づくように促しながら、D議員への対応について冷静に判断をしてもらう必要がある。

❶　誤り。A係長が勧めても、B課長の感情的な対応を嫌っているC係長は、B課長への報告をしないと考えられる。

❷　妥当である。B課長に自らの行動について気づきを促すとともに、対応が急がれるD議員の件について、判断を求めるべきである。

❸　誤り。正論ではあるが、このような対応をした場合、B課長は一層態度を硬化させ、課の状況は変わらない可能性が高い。

❹　誤り。D議員への対応は急がなくてはならないので、B課長の様子を見計らう時間はない。

❺　誤り。D議員への対応については、管理職であるB課長の判断を仰ぐ必要があるため、不適当である。

【正解　❷】

係長に直接指示する部長

Q

　Aは、市の税務課のシステム係長である。システム係では、税務システムが老朽化したため、新システムの開発を進めている。B税務課長は税制には詳しいが、システム開発の経験はなかった。一方、B課長の上司のC部長は、現在の税務システムを開発したときの税務課長であったため、システムに詳しかった。最近、C部長はA係長からシステム開発の状況を聞いて、具体的な指示を出すことが多かった。その指示は的確であったが、B課長は、このことを不満に思っているようであった。ある日、A係長は、B課長から、「C部長の指示で住民税の入力画面を変更したらしいが、私は何も聞いていない。変更の理由を説明してもらいたい」と言われた。この場合、A係長の対応として最も妥当なものは、次のうちどれか。

A

❶　システム係の担当者とともに、B課長に対して入力画面を変更した理由を詳細に説明し、B課長の了解を得る。

❷　B課長に対して、C部長の指示が的確な判断である旨を丁寧に説明し、B課長の了解を得る。

❸　B課長に対して入力画面の変更の理由を説明するとともに、C部長に対して自分には指示を出さずB課長に指示を出すよう依頼する。

❹　B課長に対して報告をしていなかった点を謝罪したうえで、C部長から直接指示を受けた場合の対応を相談する。

❺　B課長の知識不足が問題なので、B課長に対して、C部長以上の知識を持つために努力するよう説得する。

解説

　命令一元化の原則によれば、命令を発するものは、自分の直属の部下を飛ばして、さらにその部下に命令を発してはならない。しかし、自分が直属の部下よりも知識がある分野については、その部下を飛ばして命令した方が効率的と考えて、命令を出してしまう管理職がいるのも事実である。緊急を要する場合はやむを得ないが、日々の業務においては、原則に従うべきである。一方、自分の上司が自分よりも知識を有している場合は、できるだけ早くキャッチアップするため努力するべきである。この努力なくして、自分を飛ばして命令を出すとは言えない。

　事例をみると、A係長はシステム係長として現場を押さえており、また、C部長はかつて税務システムの開発に携わったことがあるため、B課長としては辛い立場にある。A係長としては、B課長には1日も早くC部長の知識に追いついてほしいところであるが、上司に対して「努力してください」と言うわけにもいかないので、当面は、C部長がA係長に直接指示を出してきた場合の対応についてB課長と相談し、業務の進め方について共通認識を成立させておく必要がある。

❶　誤り。B課長は、C部長が自分を飛ばしてA係長に出した指示について、何も報告がないことを不快に思っているので、入力画面を変更した理由を説明しただけでは、B課長は納得しない。

❷　誤り。B課長は、C部長の方が知識があることは承知しているので、この対応ではかえってB課長の不快感は増すばかりである。

❸　誤り。C部長はよかれと思って指示を出しており、しかも、その指示が的確である以上、C部長はA係長の依頼を受けない可能性が高い。

❹　妥当である。まず、B課長の不快感を緩和したうえで、C部長からの指示にどのように対応するかについて、B課長に相談するべきである。

❺　誤り。正論ではあるが、B課長は、A係長から知識不足を指摘されればさらに不快に感じて、A係長の話を聞かなくなる可能性が高い。

【正解　❹】

多忙で相談しづらい課長

Q

　Aは、H課の庶務係長である。H課は、本年4月に2つの課を統合して設置された課であり、庶務係を含めて5係体制であるが、統合にあわせて人員を削減したためどの職員も多忙であった。本年4月に着任したB課長は、市役所の中でも優秀との評判が高く、H課の業務の他に市長から特命の業務を指示されているようである。このため、B課長は、外部との調整などで離席していることが多かった。6月のある日、H課のC係長がB課長に報告をしたところ、「遅い。もっと早く報告しなければだめだ」と叱責されてしまった。後日、A係長は、C係長をはじめとする課内の他の係長から、「B課長が席にいないことが多く、報告の機会がつかめない。何とかならないか」と言われた。この場合、A係長の対応として最も妥当なものは、次のうちどれか。

A

❶　B課長と全係長による会議を開催し、B課長が在席する曜日と時間帯を定め、各係長はその時間帯に報告するものとする。

❷　H課の各係長から業務の状況をヒアリングし、それをもとにB課長の時間を確保するプランを作成してB課長に相談する。

❸　H課の各係長から業務の状況をヒアリングしたうえ、B課長に対して各係長が困っている状況を説明し、離席を少なくするよう依頼する。

❹　H課の各係長に対して、各係の業務を従前より早めに進め、B課長への報告の機会を逃さないように調整する。

❺　B課長に対して、課内の各係長の不満を説明したうえ、B課長の特命事項を課内の係長に説明するよう依頼する。

解 説

　行政改革の推進に伴い、組織再編によって複数の課が統合されることは珍しくない。統合後の課は、業務の進め方が定まらず、試行錯誤を繰り返すことがある。その場合、庶務係長としては、課内の業務の現状を速やかに把握し、課長や他の職員が業務を円滑に進められるように意を配る必要がある。課と課が統合される場合には、それに併せて業務の合理化や人員削減が実施されることが多いため、管理職はもとより各係も以前より忙しくなるのが通常である。

　事例についてみると、B課長が着任してから2か月後にA係長に各係長が相談に来ている。本来であれば、その前に、A係長は、B課長や各係長の動きを観察して、動き出すべきであった。B課長は、市長からの特命事項を抱えているので、ある程度離席が多いのはやむを得ないものとして考える必要がある。まず、A係長がするべきは、各係長の話をよく聞いて業務の状況を把握し、そのうえで、課の業務が円滑に進むような方策を考えてB課長と相談することである。

❶　誤り。B課長と不満を持っている全係長の会議を開催するのは乱暴であり、結論を得られない可能性が高い。まずA係長自身が課の業務の現状を把握するべきである。

❷　妥当である。庶務係長であるA係長自身が各係の業務の現状を把握したうえで、妥当と思えるプランを作成しB課長と相談するのがよい。

❸　誤り。B課長も特命事項を受けて多忙なので、単に離席を少なくするよう依頼しても聞き入れられない。

❹　誤り。C係長をはじめとする各係長は、B課長の離席を不満に思っているので、それを押し返しても納得は得られない。

❺　誤り。B課長が特命事項を説明するとは考えにくく、また、仮に説明を受けても問題は解決しない。

【正解　❷】

Q

　Aは、市の産業課の係長であり、本年4月に着任したB産業課長はこれまで商工関係の経験がなかった。産業課では、商店街の空き店舗を活用した創業支援を進めている。A係長は、創業支援の対象業種について、商店街の賑わいにも寄与することから子育てに関するビジネスが適当と考え、上司のB課長に提案して了解を得た。その後、A係長は、商店街の役員の合意を得ることができたのでB課長に報告した。しかし、B課長は、「経済効果を考えると製造業の方がよいので、商店街と再調整してほしい」と言った。A係長は、やむを得ず、商店街の役員と話し合い何とか合意を取りつけた。翌日、A係長がその旨をB課長に報告したところ、B課長は「少子化対策を重視して、最初の案に戻す」と言った。この場合、A係長の対応として最も妥当なものは、次のうちどれか。

A

❶　B課長に対して、創業支援の対象業種を再び変更すると商店街との関係が損なわれる旨を説明し、指示の変更をしないよう求める。

❷　B課長に対して報告のたびに指示が変わる理由を尋ね、その理由が納得できればB課長の指示に従う。

❸　製造業の方が子育てに関するビジネスより経済効果が高いことを示す資料を作成し、B課長に対して製造業の方がよい旨を説明する。

❹　B課長の上司の部長に今までの経緯を説明し、子育てに関するビジネスと製造業のいずれにするかについて、最終的な判断を仰ぐ。

❺　B課長に対して、創業支援に関する詳細な説明を行い最終的な判断を仰ぐとともに、今後の仕事の進め方について相談する。

解　説

　係長は課長の指示を受けて業務を行うものである。しかし、課長の指示が、明確な理由もなく二転三転した場合、職場が混乱するだけでなく、外部の関係者との信頼関係にも問題が生じる可能性がある。また、職員にとっては作業の手戻りが生じるので、不要な業務を強いることになり、職場の士気の低下を招くことになる。課長が指示を頻繁に変える背景には、本人の性格や見識不足などが考えられるが、係長としては、業務の進め方について課長とよく話し合って、課長の指示の変更により職場が振り回されないようにする必要がある。例えば、課長が指示を出すときにはその背景にある考え方をできるだけ示すこと、係長からは専門知識や現場の情報を十分に伝えることなどを、お互いの共通認識としておくといった対応が考えられる。

　事例についてみると、Ｂ課長は商工関係の業務の経験が少ないことから、判断が定まらないことがうかがえる。したがって、Ａ係長は、Ｂ課長の指示の背景にある考え方をよく聞き出し、また、必要な情報をＢ課長に示すことにより、Ｂ課長自身が自らの考えを形成することをサポートする必要がある。そのうえで、指示が頻繁に変わることによってＡ係長自身が振り回されることのないよう、仕事の進め方について、Ｂ課長と十分に相談するべきである。

❶　誤り。今までのＢ課長の言動を踏まえると、単に商店街との関係を説明しても、指示の変更を止めることは難しい。

❷　誤り。仮に納得できる理由があるとしても、これからのことを考えると、頻繁に指示の変更が生じないようにする必要がある。

❸　誤り。Ｂ課長が資料に納得して製造業の方針を維持するとしても、再び指示が変更される可能性がある。

❹　誤り。いきなり部長の判断を求めるのは乱暴である。また、この対応策では、Ｂ課長が指示を頻繁に変更する状況は変わらない。

❺　妥当である。まず、今回の件について最終的な指示を出してもらうとともに、今後、同様のことが起きないような対応をするべきである。

【正解　❺】

19

Q

　Aは、市の広報係長であり、同係では、毎月、市民向けの広報紙を発行している。広報紙の発行にあたっては、広報係内で作成した素案を上司のB課長、さらに、その上司であるC部長に説明して了解を得たのち、印刷に入ることとしている。しかし、C部長は、素案を了解したのちも、B課長に対して記事の差替えや修正を何回も指示し、B課長はそれをそのままA係長に命じていた。このため、広報係では、印刷直前まで何回も記事の変更を余儀なくされ、係員は長時間の残業を強いられていた。ある日、係員全員がA係長に対して、「課長の指示が二転三転するため、不要な残業が続いている。何とかしてほしい」と、強く迫ってきた。この場合、A係長の対応として最も妥当なものは、次のうちどれか。

A

❶　部下は上司の指示に従って業務を行うべきなので、係員に我慢して業務に励むよう説得する。

❷　C部長の指示が原因なので、C部長に対して、いったん了解した素案について変更の指示を出すことをやめるよう依頼する。

❸　B課長に対して、いったん了解した案を変更するC部長の指示を押し返すように、係員とともに依頼する。

❹　B課長の指示を聞いたうえで、係員の残業を少なくするための方策をB課長と相談する。

❺　B課長と2人で話し合い、係の状況を説明したうえ、C部長の指示にどのように対応していくか相談する。

解説

　組織においては、上司の命令に従うのが大原則であり、地方公務員法も「上司の命令に従う義務」を課している（32条）。しかし、現実には、部下の納得を得られない命令が続いた場合、組織に不満が蓄積し、結局よい仕事ができないといった状況が起こってしまうのも事実である。したがって、上司には、適切な命令を発出することにより、組織目標を達成していくことが求められる。

　上司と言っても課長と部長とでは、それまでの経験、持っている情報などが異なるうえ、性格も人それぞれである。それを踏まえたうえで、課長は、上司の命令を鵜呑みにして部下に流すのではなく、自分が預かっている組織の状況を把握して、自分なりの判断で部下に命令を出さなくてはならない。

　事例についてみると、B課長はその役割を十分に果たしていない。このような状況において、部下のA係長は、上司のB課長を適切に補佐して、広報係の業務が円滑に進むようにするべきである。具体的には、B課長にも立場や考えがあることから、まずは2人で話し合い、広報係の現状を説明し、C部長に対してどのように対応するかを相談する必要がある。その中で、B課長に気づきを促し、課長としての役割を果たしてもらうように持っていくのが妥当である。

❶　誤り。係員からは、B課長は、課長の役割を果たしているようには見えない。したがって、上司の指示に従うよう説得しても聞き入れられない。

❷　誤り。A係長の上司であるB課長と話し合う前に、いきなりC部長に依頼するのは不適当である。

❸　誤り。B課長にも自分なりの考えがあるので、係員全員でB課長に迫った場合、B課長が態度を硬化させる可能性があり、不適当である。

❹　誤り。C部長への対応を決めなければ問題は解決しない。したがって、職員の残業削減は問題の本質ではないので、不適当である。

❺　妥当である。A係長としては、今後、C部長の指示にどのように対応するかについて、B課長に相談するという形で話すのが妥当である。

【正解　❺】

なかなか決断しない課長

Q

　Aは、県の土木事務所用地課の用地係長であり、用地買収に10年以上の経験を持つベテランである。上司のB用地課長は在籍2年目であり、半年後に異動するとの噂である。土木事務所では、県道を拡幅するための用地買収を進めているが、C氏だけが買収に応じていなかった。この3年間、A係長を含む用地係の職員は粘り強く交渉を重ねてきたが、C氏は納得しなかった。このため、用地係は、収用手続に入るべきとの見解で一致した。既に買収に応じて移転した住民からは、「いつになったら県道を拡幅するのか」という問い合わせの電話もしばしば入っている。この1か月、A係長は、収用手続に入るようB課長に何回も提案しているが、B課長は、そのたびに資料作成を指示するだけで、決断しようとしなかった。この場合、A係長の対応として最も妥当なものは、次のうちどれか。

A

❶　B課長に対して、過去の経緯及び収用手続に踏み切った場合の影響を詳しく説明し、収用手続に入るよう改めて依頼する。

❷　土木事務所の所長に対して今までの経緯を詳細に説明し、収用手続に入るよう依頼する。

❸　本庁の土木部の用地買収所管部署へ赴き、本庁の権限において、収用手続に入るように依頼する。

❹　用地係全員とB課長の会議を開催し、B課長に対して収用手続に入るよう依頼する。

❺　B課長は半年後に異動するという噂なので、今後半年間は様子をみて、後任の課長に収用手続の進言をする準備を進める。

　自治体は、一定の要件を満たした場合には、業務を進めるために強制的な手段をとらざるを得ないときがある。そのような手段が用意されているのは、最終的にはそれが住民福祉の向上に資するからである。

　言うまでもなく、行政の現場においては、強制的な手段によらずに業務を進めることができれば、その方が望ましい。用地買収においても、収用手続に入るのをできるだけ避けて、交渉によって買収を進めるのが通例である。したがって、収用手続に入らざるを得ない場面でも、担当する管理職の中には、自分がその意思決定をする当事者になることを避けようとするものも出てくる。しかし、住民福祉の向上のためには、時機を逃すことなく必要な意思決定をしなくてはならない。

　そこで、そのような管理職を補佐する係長としては、意思決定をする管理職の不安を払拭し、的確な意思決定をしていけるように行動するべきである。

　事例についてみると、B課長は、決断を避けて半年後の異動を期待している可能性が高い。そこで、A係長は、B課長に対して、C氏との交渉経過を詳しく説明して、収用手続が避けられないことを理解してもらい、そのうえで、収用手続に入った場合の見通しを丁寧に話すことによりB課長の不安を和らげて、決断を求めるべきである。

❶　妥当である。用地買収に10年以上の経験を持つA係長は、その経験を活かして、B課長に丁寧に説明して、決断してもらうべきである。

❷　誤り。B課長への進言はこの1か月のことであり、B課長を飛び越して、いきなり所長に話をするのは不適当である。

❸　誤り。土木事務所の職制を無視して本庁へ話を持ち込むべきではない。また、本庁においても、まず、土木事務所の判断を求めることとなる。

❹　誤り。このような会議を開催しても、B課長が収用手続に入る決断をするとは考え難く、かえって態度を硬化させる可能性が高い。

❺　誤り。半年もの間、業務を止めることとなり、不適切である。

【正解　❶】

Q

　文書課は市の条例や規則の審査を所管しており、A、B及びCの3人の主査が審査にあたっている。A主査は主事のときも文書課に配属されたことがあり、B主査及びC主査に比べて、審査の能力が優れていた。D文書課長は、仕事は結果がすべてであると公言しており、条例や重要な規則の審査はすべてA主査の担当とし、その他の軽微な審査をB主査とC主査に割り振っていた。このため、A主査は忙しくもやりがいのある毎日を送っていたが、B主査及びC主査は、暇を持て余すとともに審査能力も向上せず、士気も低下気味である。この場合、A主査の対応として最も妥当なものは、次のうちどれか。

A

❶　D課長の考え方を踏まえるとともに業務の効率性を重視し、現在の体制のまま業務を続ける。

❷　D課長に対して、業務の効率化を図るために、直ちに3人の主査の業務量を均等にすることを提案する。

❸　D課長に対して、B主査及びC主査とのバランスをとるため、自分の業務の一部を徐々にB主査とC主査に移していくことを提案する。

❹　3人の主査とD課長とで話合いを行い、B主査及びC主査に意見を述べてもらうことにより両主査の士気を高める。

❺　B主査及びC主査から、現在の業務分担についてどのような意見を持っているかを聞いて、D課長に伝える。

解説

　予算編成や法規審査といった業務においては、複数の主査がそれぞれ担当する部署を持って業務にあたることが多い。例えば、甲主査は土木部、乙主査は福祉部という具合である。主査の担当部署を定める場合は、各々の主査の能力に応じて割り振りを定めることとなる。その一方で、組織としては、人事異動があっても業務のレベルが低下しないように、人材の育成を進めていくことも重要である。その意味では、能力の高い主査に難易度の高い業務を集中させ続けるべきではなく、他の主査にも難しい業務を一部担当させて能力の向上を図る必要がある。また、このことは、それぞれの主査の士気を高めることにもつながる。

　事例についてみると、Ｄ課長は結果を重視するという考え方であるが、それは短期的な結果を指しているようである。文書課の業務を長期的にとらえた場合、Ａ主査が他課へ異動しても業務のレベルを一定に保つべく、Ｂ主査及びＣ主査の育成を図るべきである。そのためには、Ａ主査としては、Ｄ課長の納得を得ながら、自分が所管している業務のうち、難易度の高いものの一部を徐々にＢ主査及びＣ主査へ移していくべきである。

❶　誤り。現状のままでは、Ｂ主査及びＣ主査の審査能力は向上せず、組織としては好ましくないので、不適当である。

❷　誤り。いきなり３人の業務を均等にしても、Ｂ主査及びＣ主査がＡ主査と同様のレベルの審査を行うのは難しく、業務は効率化しない。

❸　妥当である。結果を重視するＤ課長を納得させるには、審査のレベルを落とさないように、Ａ主査の業務の一部を徐々に他の２人の主査に移し、両主査の能力と士気の向上につながる提案をするべきである。

❹　誤り。Ｄ課長はＢ主査及びＣ主査の能力を評価していないので、４人で話し合っても、両主査の士気が高まるような結果にはならない。

❺　誤り。士気が低下気味の両主査の意見をＤ課長に伝えた場合、Ｄ課長は現在の業務分担が正しいと考える可能性が高い。

【正解　❸】

パワーハラスメントを行う課長

Q

　Aは、市の商工政策課庶務係の係長である。市役所内でも優秀と評判の高いB商工政策課長は、部下に対する要求水準が極めて高く、部下を理詰めで問いただし、部下が言葉に詰まると長時間にわたり怒鳴りつける姿が散見される。C企画担当係長の前任者はこのような状況の中、メンタルを害して、現在、病気休職を余儀なくされている。今年度、商工政策課では、新たな産業振興計画の策定を進めており、C係長がその中心となっていた。

　ある日、A係長は、C係長から「私はこの課で半年間、計画策定に従事していますが、B課長の叱責で体調を害したので市を辞職します。この件については、訴訟を提起するつもりです。これは、家族とも相談した結論です」と言われた。この場合、A係長の対応として最も妥当なものは、次のうちどれか。

A

❶　直ちにC係長の家族に面会し、C係長が辞職と訴訟を思いとどまるように説得することを依頼する。

❷　C係長に対して、辞職する前に休暇を取得して、休養しながら改めてよく考えるよう説得する。

❸　B課長に対してC係長の件を説明するとともに、C係長から提起される訴訟に対応するため、法務部門と調整を開始する。

❹　B課長の上司の部長に対して、B課長のこれまでの行動を説明するとともに、C係長への対応を相談する。

❺　B課長に対して、直ちにパワーハラスメントを改めるよう進言し、C係長への対応をともに検討する。

解 説

　厚生労働省の「職場のいじめ・嫌がらせ問題に関する円卓会議ワーキング・グループ報告」は、パワーハラスメントを、「同じ職場で働く者に対して、職務上の地位や人間関係などの職場内の優位性を背景に、業務の適正な範囲を超えて、精神的・身体的苦痛を与える又は職場環境を悪化させる行為をいう。」と定義している。パワーハラスメントにより職員が職務に従事できなくなった場合、組織はそれまで育成してきた貴重なマンパワーを失う。したがって、パワーハラスメントは、加害者と被害者の問題に留まらず、組織運営上の問題でもある。また、近年の判例は、パワーハラスメントによる損害賠償責任を広く認める傾向にあり、被害者である職員を任用している自治体や加害者個人に対して訴訟が提起される可能性もある。

　事例についてみると、B課長は、パワーハラスメントにより職員を病気休職に追い込んでいることから、A係長は、B課長に対して、直ちに行動を改めるよう進言する必要がある。また、C係長については、訴訟も辞さないとしていることから、丁寧な対応が必要であり、B課長からの謝罪も含めて、今後の対応を相談するべきである。

❶　誤り。説得は、まずは、C係長本人を相手にするべきである。また、C係長に断りなく家族と接触した場合、C係長の信頼を失う。

❷　誤り。この対応は、B課長のパワーハラスメントを止めるための対応が盛り込まれていないので不適当である。

❸　誤り。訴訟対応の準備を進めるのはよいが、❷と同じ理由で不適当である。

❹　誤り。B課長の行動によっては、このような対応が必要となる場合もあるが、まずは、B課長に働きかけるべきである。

❺　妥当である。C係長の前任者が病気休職となっていることから、A係長は明確にB課長に進言したうえ、C係長への対応をともに検討する必要がある。

【正解　❺】

Q

　Aは、市の観光課の管理係長である。市長は、観光振興を公約に掲げている。観光課長のBは、極めて仕事熱心であり、市長からの信頼も厚い。ある日、A係長はB課長に呼ばれて、「今後5年間の観光振興計画を年内に策定する。管理係は他の係よりも人数が多いから、管理係で担当してもらいたい。私との打合せは深夜や休日でも構わないので、すぐ業務に着手してほしい」と言われた。A係長が「管理係は人数が多いと言っても、C主任とD主任は、子供が小さいので定時で退庁しますから…」と言いかけると、B課長は、「そんなことでは、市長の公約を実現することはできない。職員の個人的な事情より、市長の公約が優先だ」と言って譲らなかった。この場合、A係長の対応として最も妥当なものは、次のうちどれか。

A

❶　計画策定を管理係で引き受けることとし、効率的に策定するための課内での応援態勢について課長と相談する。

❷　計画策定を管理係で引き受けることとし、C主任及びD主任以外の職員に業務を行わせる。

❸　B課長に対して、ワークライフバランスの意義を丁寧に説明し、計画策定は管理係では引き受けられない旨を伝える。

❹　現在の管理係では計画策定を引き受けることができないので、B課長に対して、係員の増員を依頼する。

❺　計画策定を管理係で引き受けることとし、C主任及びD主任に対して、計画が策定されるまでの間、子育ては配偶者に任せるよう説得する。

　自治体においても、ワークライフバランスの実現が求められている。この背景には、①職員のワークライフバランスの実現が職員の健康や士気の向上に寄与し、効率的な業務執行につながること、②育児や介護による職員の離職を防止して組織力を維持する必要があることが挙げられる。このため、育児休業法に基づく育児休業や育児短時間勤務などの制度が整備されてきている。

　しかし、その一方で、職場においては、職員数が削減される中で、複雑化する行政課題に対応していかなければならない。したがって、自治体の職場においては、組織間の応援などできる限りの工夫を凝らして、住民福祉の向上に努めなければならない。

　事例についてみると、B課長も、管理職である以上、ワークライフバランスについて一通りは承知しているはずである。そのうえで、事例のような言動をとっている以上、その点を直接改めさせることは難しい。A係長としては、B課長の指示どおり計画策定を引き受け、そのうえで、課内の協力態勢の構築について、B課長と相談するべきである。その際、あえてC主任及びD主任には触れずに、課としてより効率的に計画を策定するためと称して説明をした方がよい。

❶　妥当である。まず、管理係で引き受ける旨を明確に伝えてB課長の納得を得る必要がある。そのうえで、課内の応援態勢について相談するのが妥当である。

❷　誤り。C主任及びD主任以外の係員の納得を得られない可能性が高いので、不適当である。

❸　誤り。B課長の様子をみると、改めてワークライフバランスの意義を説明しても聞く耳は持たないと考えられる。

❹　誤り。B課長は、現在の管理係では引き受けられないという説明では納得しないと考えられる。

❺　誤り。子育てに関する家庭内での役割分担は、職場の者が指図する話ではないので、不適当である。

【正解　❶】

定年退職間近で意欲が低い課長

Q

　Aは、市の施設課の調整係長である。市には公民館が6か所あるが、いずれも老朽化して更新の時期を迎えている。市は、厳しい財政状況を踏まえ、3か所に統廃合したうえで更新する方針を公表しているが、具体的な内容は決まっていなかった。具体的な統廃合案が示された場合、廃止される地域の住民が強く反発することが予想されている。調整係は、統廃合案の策定を所管している。A係長は、調整係全員で議論をして具体的な統廃合案を作成し、8月のある日、施設課長のBに説明した。B課長は、「住民の反対は強そうだ。もう少し検討を重ねて、来年5月に地元説明会を開催しよう」と不安げに言ったきりで、その後は何の指示もなかった。B課長は来年3月末に定年退職を迎えるので、地元説明会を4月以降に持ち越そうとしているようであった。この場合、A係長の対応として最も妥当なものは、次のうちどれか。

A

❶　B課長の上司の部長に統廃合案を説明し、今後の業務の進め方について相談する。

❷　B課長の上司の部長に統廃合案を説明し、直ちにB課長を異動させるよう依頼する。

❸　B課長に対して、業務を進めないのであれば、統廃合案をマスコミに公表する旨を伝える。

❹　B課長に対して、調整係が課長を十分に支援する旨を説明し、業務を進めるよう説得する。

❺　B課長に対して、調整係全員で、地元説明会を来年5月とする理由を問いただす。

解 説

　地方公務員法により、自治体の職員は、条例で定める定年に達した日以降における最初の3月31日までの間において、条例で定める日に退職するものとされている（28条の2）。

　職員は、退職するまで全力で業務に取組むことは当然である。しかし、現実には、定年が近づくにつれて、面倒な仕事は先送りしたいと考える職員もいる。本来、仕事ぶりは、給与に反映させるべきであるが、制度的には、勤務評定が勤勉手当などに反映されるのは翌年度となっていることが多い。このため、定年を迎える年度については、職員の勤務評定が悪くても、それをその職員の給与に反映させることは困難である。職場としては、限られた職員で業務を進めなければならないことから、上司部下を問わず、このような職員のモチベーションを維持していく必要がある。

　事例をみると、B課長は、地元説明会に不安を抱いており、定年まで時間を稼いで、自分の在任中に地元説明会を開催することを避けようとしている。一方、A係長をはじめとする調整係は、業務に前向きである。したがって、A係長としては、調整係としてB課長を最後まで支える旨を説明して組織の一体感を醸成しながら、B課長を励ましつつ業務を進めていくべきである。

❶　誤り。たとえB課長にやる気がなくても、上司を飛ばして部長に相談をするべきではない。

❷　誤り。このような対応は組織の秩序を乱すので、不適当である。また、この事例の理由だけでは、直ちに管理職を異動させるのは困難である。

❸　誤り。組織の意思決定を経ない統廃合案を、一係長の判断で公表することはできない。

❹　妥当である。調整係がB課長をしっかりと支える旨を伝えることにより、B課長の姿勢を前向きなものに変えていくべきである。

❺　誤り。B課長に地元説明会の時期について問いただしても、B課長は本心を明らかにせず、言を左右するだけと予想される。

【正解　❹】

マスコミ対応を避ける課長

Q

　Aは、県の住宅建設事務所の建設課庶務係長である。住宅建設事務所は県営住宅の建設を進めていたが、工事現場では、工事の騒音に対する住民からの苦情が絶えなかった。ある日、X新聞社のC記者がB建設課長へ電話をかけてきて、「県営住宅の工事の騒音について取材に伺いたい」と言ったので、B課長は取材の日時を約束した。その後、B課長はA係長に対して、「明日の午前10時にX新聞社のC記者が来るので対応して下さい。私は現場一筋できたので、住民対応はよく分からない」と指示してきた。これまでも、B課長はしばしばA係長に取材対応を命じており、B課長のコメントを求める記者との間でトラブルになったこともあった。この場合、A係長の対応として最も妥当なものは、次のうちどれか。

A

❶　B課長はマスコミの取材に不慣れなので、住宅建設事務所の所長に取材対応を依頼し、取材にあたっては自分も同席する。

❷　工事の騒音に関するB課長の考えを詳しく聞き、建設課としての考えを整理したうえでC記者の取材に対応する。

❸　C記者に電話をして、B課長ではなく自分が対応することについて問題がないかどうかを確認する。

❹　建設課の責任者はB課長なので、自分も同席する旨を申し出てB課長に対応してもらうよう依頼する。

❺　B課長の了解を得たうえで、住宅建設事務所の別の課長にC記者への対応を依頼する。

解 説

　マスコミは、国民の「知る権利」に貢献するとともに、行政の活動を監視することが期待されているため、自治体については批判的な記事を書くことが多い。このため、マスコミの取材を避ける管理職も時折見受けられるが、それは誤った対応である。取材を避けた場合、マスコミはその対応を不誠実と受け取り、一層批判的な記事を書く可能性がある。行政は、マスコミに対して真摯な姿勢で丁寧に対応しなければならない。また、同一の内容について、複数のマスコミから取材があった場合、各社には同じ内容の情報を示すことが重要である。マスコミは世の中に対して大きな影響力を有するとともに、取材での発言は組織としての説明や見解と受け止められることから、取材対応はできるだけ管理職が行う必要がある。

　事例についてみると、Ｂ課長は、自分が現場一筋であったことを理由にしてＡ係長に取材対応を行わせようとしているが、この対応は管理職として不適切である。そこで、Ａ係長としては、Ｂ課長に取材対応をしてもらうよう依頼するとともに、住民対応に不慣れなＢ課長を補佐するべく、自分も同席する旨を伝えるのが妥当である。

❶　誤り。建設課の責任者はＢ課長であり、また、Ｃ記者にはＢ課長が対応する旨を約束していることから、Ｂ課長が対応するべきである。

❷　誤り。❶と同様の理由で、Ｂ課長が対応するべきである。

❸　誤り。明確な理由もなく対応者の職層を下げようとすることは、Ｃ記者の心証を悪くする可能性があるので不適切である。

❹　妥当である。取材対応はＢ課長とし、Ｂ課長が得意としない住民対応に関しては、Ａ係長が同席して補足説明をするのが妥当である。

❺　誤り。建設課の責任者はＢ課長なので、他の課長が対応するのは不適当である。

【正解　❹】

新しい業務に手を出しすぎる課長

Q

　Aは、市の福祉部指導課の庶務係長である。指導課は福祉施設の検査及び指導を行っており、業務の大部分は定型的なものであるが、近年、業務量が増加してきている。市長は、市役所の人員削減を公約に掲げていた。そこで、新任のB指導課長は、C検査係長に対し、検査にタブレット端末を活用することにより人員を削減する計画を作成するよう指示した。また、B課長は、福祉施設に対する指導マニュアルが古いという評判を聞き、D指導係長を自席に呼び、「年内にマニュアルを全面的に見直して下さい」と言った。ある日、A係長は、C係長とD係長が「我々の仕事は決められたことを行うことだ。新しい業務は不要だ」と話しているのを聞いた。この場合、A係長の対応として最も妥当なものは、次のうちどれか。

A

❶　課内に不満が蓄積されたままでは業務が進まないので、B課長と課内のすべての係長との議論の場を設定する。

❷　C係長及びD係長とともに、B課長に対して、指導課に新しい業務を指示する理由を確認する。

❸　B課長から新しい業務を指示する理由を聞き出し、それをもとにC係長及びD係長に対してB課長の指示に従うよう説得する。

❹　C係長及びD係長と相談して、B課長から指示された新しい業務に着手するのをできるだけ遅くする。

❺　B課長に課内の状況を説明し、新しく始める業務の優先順位や職員への説明の方法について相談する。

解 説

　自治体の組織は、法令や規則によって所管業務が定められ、それをもとに業務を行っている。しかし、行政改革によって職員が削減され、その一方で、行政課題が複雑化する中では、所管に拘泥して新しい業務を受け入れないといったことは許されない。また、近年、急速に進展している情報技術は業務の効率化や質の向上に大いに資する場合があり、費用対効果を勘案しながら積極的に取り入れる必要がある。ただし、新しい業務に着手する場合は、既存の業務が疎かにならないように留意する必要がある。

　事例についてみると、Ｂ課長の考え方は正しいが、指導課の現状に照らすと、やや性急にことを運びすぎたようである。一方、Ｃ係長及びＤ係長は、あまりにも組織の役割を固定的にとらえており、これでは市幹部ひいては住民の理解は得られない。

　現実的な対応としては、今まで定型的な業務が大半を占めていた指導課に、いきなりシステム開発とマニュアル改訂の２つを同時に行わせるのは難しいので、順番と手順を考えて、課の職員の納得を得ながら進めていくべきである。その際、ＰＴの設置や勉強会の開催などを通じて、思考が柔軟な若い職員に理解を深めてもらい、支持を得るといった工夫も必要である。

❶　誤り。いきなりＢ課長と全係長の議論の場を設けても、お互いの主張が平行線をたどる可能性が高い。

❷　誤り。Ｃ係長及びＤ係長は、新しい業務は不要と考えているので、Ｂ課長から理由を聞き出しても問題は解決しない。

❸　誤り。Ｃ係長及びＤ係長は、行政の組織の役割分担をかなり固定的に考えており、Ｂ課長の考えをそのまま説明しても納得しない。

❹　誤り。これは業務を怠るのと同じであり、不適切である。

❺　妥当である。課内の職員の考えも踏まえて、職員を納得させる方法を課長とともに考えるべきである。

【正解　❺】

完璧主義の課長

Q

　Aは、市民部管理課の計画係長である。計画係は、市民部の長期計画及び予算を所管しており、A係長のほか3人の係員がいる。本年4月に着任したB課長は完璧主義であり、細部にわたって細かい指示を出す。今年度の計画係は、長期計画の改訂及び予算編成を同時に進めており、昨年よりも多忙であった。しかし、計画係が資料を作成してB課長に説明すると、すべての資料について修正を何回も命じられた。予算編成作業が始まった夏以降は、係員の残業時間は昨年度の3倍に達しており、長期計画の改訂作業が滞りがちであった。また、係内にも、不満の声が聞こえ始め、係員が作成する資料の質も落ちてきた。この場合、A係長の対応として最も妥当なものは、次のうちどれか。

A

❶　B課長に対して、業務の現状と係員の残業について説明し、優先順位を決めて業務を進めることを提案する。

❷　係員に対して、B課長の指示に従って全力で業務に取組むよう強く指導する。

❸　B課長に対して、業務の現状と係員の残業について説明し、超過勤務手当の予算がなくなったら残業はしない旨を告げる。

❹　係員に対して、業務に優先順位をつけ、優先順位の高いものについては完成度の高い資料を作成するよう指導する。

❺　B課長に対して、業務の現状と係員の残業について説明し、資料の修正の回数に上限を設けることを提案する。

解　説

　自治体は、限られた人員と予算で業務を進めなければならない。その一方で、新たな行政課題が次から次へと現れている。したがって、すべての業務について完璧を期すことは困難である。このような場合に重要なことは、優先順位の高い業務に力を集中することである。これは、資料作成といった日々の業務においても同様である。例えば、新規事業を市長へ説明する場合に用いる資料と、課長に定例的な業務を報告する場合に用いる資料とでは、求められる完成度が異なるのは当然である。上司は、業務の優先順位を判断して部下に伝えることにより、部下が無駄な労力を払わずに済むように配慮しなくてはならない。

　事例についてみると、Ｂ課長は、上に述べた優先順位の考えに乏しいようである。Ｂ課長の指示をそのまま受けて業務を進めた場合、計画係に不満が蓄積しモラールが低下するのみならず、職員が病気になった場合、計画係の業務が著しく滞る可能性もある。Ａ係長としては、そのような事態になる前に、速やかに対処するべきである。具体的には、Ｂ課長に係員の状況を詳しく説明し、現状を継続することが組織的なリスクをはらんでいることを理解してもらい、そのうえで、資料作成をはじめとする業務に優先順位をつけて指示を出してもらうことを提案するべきである。

❶　妥当である。Ｂ課長はすべての業務に完璧を求め、優先順位という発想に乏しい。この点を改めてもらうよう提案するべきである。

❷　誤り。これでは、Ｂ課長の指示をそのまま部下に下ろしているのと同じであり、部下の納得は得られない。

❸　誤り。この説明ではＢ課長は納得せず、問題は解決しない。

❹　誤り。Ｂ課長に働きかけなければ、すべての資料に完璧を求めるＢ課長の指示は変わらない。

❺　誤り。問題は、資料の修正の回数ではなく、Ｂ課長がすべての業務について完璧主義を貫こうとしていることなので、不適当である。

【正解　❶】

部下に業務を丸投げする課長

Q

　Aは、市の福祉部児童課の企画係長であり、児童福祉の経験が豊富であった。市長からの指示を受け、児童課では児童虐待に関する対応策を早急に取りまとめることとなった。B児童課長は、長年にわたってまちづくりに従事しており、福祉に携わるのは初めてであった。B課長は、A係長に対して、「私は児童福祉はよく分からないから、Aさんの好きなように対応策をまとめて下さい」と言った。A係長は、かねてから児童虐待に関心を持っており、対応策についても自分なりの考えがあった。しかし、児童相談所を所管する県との調整では、B課長に対応してもらう必要があると考えている。この場合、A係長の対応として最も妥当なものは、次のうちどれか。

A

❶　B課長の指示どおり、自らが中心になって対応策を取りまとめ、B課長に説明したうえ、福祉部長及び市長への説明の段取りを整える。

❷　B課長に対して児童福祉の要点を説明したうえ、対応策の方向性、県との調整の進め方について自らの考えを示し、課長の判断を求める。

❸　B課長では県との調整が円滑に進まないので、対応策を取りまとめる段取りを福祉部長と相談する。

❹　B課長の指示どおり、自らが中心になって対応策を取りまとめながら、県との調整も進める。

❺　B課長にリーダーシップを取ってもらうため、係長である自分に業務を丸投げしないように進言する。

解 説

　自治体の事務は幅が広く、1人の職員がそのすべてに通暁することは困難である。課長と言えども、マスコミ対応や議会対応など部署を問わず必要とされる見識はともかく、個別の行政分野については、どうしても経験の有無による得手不得手が生じる。その場合、実務に通じた係長が適切に補佐することが重要である。また、課長も、不得手な分野を敬遠するのではなく、部下から必要な知識を得て、リーダーシップを発揮する姿勢を持つことが求められる。

　係長が、所管課の業務に疎い管理職を補佐する場合、すべての知識を説明するのではなく、基本的な事項、議員やマスコミとの関係で論点となっている事項などに絞って要領よく説明する必要がある。そのうえで、業務に対する自分なりの考えを申し述べるとよい。

　事例についてみると、B課長は、管理職としてはやや無責任である。A係長としては、B課長に業務の要点と自分の考えを示し、課長の不安を取り除きながら補佐するべきである。

❶　誤り。B課長が県と調整を進める点について対策が示されておらず、不十分である。

❷　妥当である。A係長としては、児童福祉に関する自分の見識を活用して上司であるB課長を補佐するべきである。

❸　誤り。対応策の所管課長であるB課長を飛ばして、直接福祉部長と相談するのは組織の秩序を乱すものであり、不適切である。

❹　誤り。県との調整にはB課長に関わってもらう必要があり、A係長だけで調整を進めようとするのは不適当である。

❺　誤り。正論ではあるが、B課長のプライドを傷つけるおそれがあり、その後の業務に支障が生じる可能性が高い。

【正解　❷】

部下の育成に関心が薄い課長

Q

　Aは、市の土木部都市整備課の土地区画整理係長である。土地区画整理係は、どの職員も土地区画整理事業の経験が浅かった。一方、B都市整備課長は、土地区画整理事業に長年携わっており、常に的確な判断を下していた。A係長は、B課長を頼もしく思いつつも、B課長が来年3月には定年退職することを踏まえると、今のうちにその知識やノウハウが継承されなければ、業務が円滑に進まなくなると考えていた。6月のある日、A係長がこの懸念をそれとなくB課長に伝えたところ、「仕事は教えてもらうものではなく、盗むものだ。その姿勢がよくない」と説教されてしまった。この場合、A係長の対応として最も妥当なものは、次のうちどれか。

A

❶　B課長以外で土地区画整理事業に詳しい職員を探し出し、土地区画整理係の職員に知識やノウハウを伝えてもらう。

❷　土木部長に対して、B課長が有している知識やノウハウが継承されない場合の問題点を具体的に説明し、B課長を説得してもらう。

❸　B課長に対して、その知識やノウハウが継承されない場合の問題点を具体的に説明し、組織としてそれらを活用するよう進言する。

❹　B課長の有している知識やノウハウがなくても業務を進めることができるよう、土地区画整理係内で検討を開始する。

❺　B課長の言葉を踏まえ、係員に対して、B課長の仕事をよく観察し、その知識やノウハウを文書でまとめるよう指示する。

解 説

　かつて職場に余裕があったときは、後輩が先輩の仕事のやり方をみながら、業務の知識やノウハウを身につけることができた。しかし、現在は、住民ニーズが多様化する中で職員が削減され、職場が多忙となっており、そのような方法で業務の知識やノウハウを継承していくことが困難になっている。その結果、ある職員が退職した場合、業務の質が低下するといった危険性が高まっている。そこで、個人が持っている知識やノウハウを個人へ継承するのではなく、組織で保有するような仕組みが必要となる。

　民間企業においては、ナレッジマネジメントが重視されてきている。ナレッジマネジメントとは、従業員が個人的に保有している情報を組織全体で共有して活用することにより、企業の業績の向上を図ろうとするものである。この場合の情報には、データなどの形式知だけではなく、経験に基づくノウハウのように言語化されていない暗黙知も含まれる。自治体においても、ナレッジマネジメントの視点を導入する必要がある。

　事例についてみると、B課長の考えは現状には合っていない。B課長の退職が迫っていることを考えれば、直ちにB課長の知識やノウハウを組織で共有するべく、対策に着手する必要がある。A係長は、知識とノウハウの共有化の必要性を具体的に示しながらB課長を説得するべきである。

❶　誤り。来年3月という期限が迫る中、B課長以上に土地区画整理事業に詳しい職員を見つけ出せるとは限らず、不適当である。

❷　誤り。この場合、B課長はA係長が土木部長に働きかけたと推測し、A係長とB課長との関係が悪くなる可能性がある。

❸　妥当である。A係長はそれとなく懸念を伝えて説教されてしまったが、問題点を具体的にB課長に伝えて理解を得るよう努めるべきである。

❹　誤り。知識やノウハウの蓄積は短期間にできるものではないので、不適当である。

❺　誤り。このような方法では長時間を要し、B課長の退職までに知識やノウハウを蓄積することは難しい。

【正解　❸】

うつ病が疑われる課長

Q

　Aは、県のH土木事務所において、道路建設を担当する工事係長である。上司のB所長は、明るい性格で、精力的に業務を進める人物であった。H土木事務所では、新たな道路建設に着手するため、2か月前に住民説明会を開催した。A係長はB所長とともに出席したが、住民から強い反対意見が相次ぎ、収拾がつかなかった。その後、A係長は、次の説明会で住民の納得を得るべく、B所長と検討を進めようとした。しかし、説明会の直後から、B所長は、口数が少なくなり、午前中に休暇をとることが多くなった。また、「死にたい」とつぶやく様子が散見されるようになった。A係長はB所長がうつ病になったのではないかと懸念したが、2週間後には次の住民説明会を控えており、早急に説明会の準備を進めなくてはならない。この場合、A係長の対応として最も妥当なものは、次のうちどれか。

A

❶　B所長に声をかけて様子を確認したうえで、H土木事務所の庶務担当係長とともに本庁に赴いて状況を説明し、指示を仰ぐ。

❷　次の住民説明会が迫っていることから、同僚の係長とともにB所長を激励し、その能力をできる限り発揮してもらうようにする。

❸　B所長の家族と連絡をとり、家での様子を把握するとともに、家族に対して適切に対応するよう求める。

❹　B所長の様子を本庁の人事部門に説明し、早急にB所長を異動させ、後任に優秀な所長を充てるよう依頼する。

❺　B所長に対して、住民説明会が迫っているので早急に精神科を受診するよう強く依頼する。

うつ病は、日本では約15人に 1 人が、一生のうちに一度はかかる病気と言われており、職員がうつ病を発症することは珍しいことではない。ちなみに、地方公務員安全衛生推進協会が、342の自治体を対象に行った調査では、精神疾患による長期病休者は、平成29年度に10万人当たり約1,409人に達しており、10年前の調査の1.4倍となっている。

職員がうつ病にかかると、本人が辛いだけではなく、業務に重大な影響を及ぼす。したがって、職員の精神疾患は、人事管理と同時に危機管理の問題でもある。職員がうつ病にかかったとき、周囲からみえる変化には、遅刻や欠勤の増加、仕事のミスの増加、会話の減少などが挙げられる。このような変化がみられたときは、周囲の職員は、本人のプライバシーに配慮しながら、家族、産業保健スタッフ、人事部門と連携して早期に適切な対応をとる必要がある。また、このようなとき、本人をむやみに励ましたり非難したりすることは逆効果となるので、慎まなければならない。

事例においては、B所長はH土木事務所のトップであり、重要な住民説明会を控えていることから、A係長は早急に対応する必要がある。この場合、本人の治療のみならず人事異動も考慮する必要があることから、H土木事務所の庶務担当係長と連携して、本庁に対して、B所長の様子、H土木事務所の業務の状況を詳細に説明し、指示を仰ぐ必要がある。

❶　妥当である。H土木事務所のトップであるB所長への対応、その後の住民説明会の進め方などについて、本庁から指示を受ける必要がある。

❷　誤り。B所長がうつ病であった場合、むやみに激励することは、かえって症状の悪化を招く恐れがあり、不適当である。

❸　誤り。B所長の家族と連絡をとることは差し支えないが、B所長への対応を家族任せにするのは不適切である。

❹　誤り。まず、様子が急変したB所長への対応を考えなくてはならない。また、人事異動については、本庁の人事部門が判断することである。

❺　誤り。B所長を追い詰めるような方法で精神科への受診を求めることは、うつ病への対応として不適切である。

【正解　❶】

Q

　Aは、市の財務部経理課の契約係長である。契約係は、一定金額以上の契約を所管しており、入札予定価格の積算、入札参加者の指名、入札の実施を担当している。約2年前からB経理課長のもとに、X建設協会の顧問を務める市役所OBのC氏がときどき訪れ、会議室で2人だけで相談をしていた。X建設協会は、市内の建設会社が設立した業界団体である。A係長は、B課長から、入札参加者の指名や予定価格の積算について指示を受けることがあるが、そこにはC顧問の意向が強く感じられた。また、A係長は、この1年余りB課長の金遣いが荒くなったように感じており、B課長の汚職を懸念していた。この場合、A係長の対応として最も妥当なものは、次のうちどれか。

A

❶　財務部長に自分の懸念を説明し、財務部長からB課長に対して、C顧問との面会を控えるよう指導してもらう。

❷　B課長に対して、自分の懸念を説明して、差し支えのない範囲で実情を教えてもらう。

❸　財務部の庶務担当係長に自分の懸念を伝えたうえ、市の人事部門の服務担当に状況を報告し、人事部門の指示を待つ。

❹　契約係全員を集めて自分の懸念を伝え、B課長への対応を係として取りまとめる。

❺　C顧問を訪ねて面会し、自分の懸念を伝えるとともに、B課長のもとへの来訪を控えるよう依頼する。

解 説

　汚職が発生すると、職場に与える影響は極めて大きい。例えば、住民から非難の電話が殺到するとともに、警察が関係書類を押収し、業務が停滞することとなる。また、記者会見をはじめとするプレス対応など多くの業務が発生する。何より大きな痛手は、それまで築いてきた住民との信頼関係が一気に崩れてしまうことである。いったん失われた信頼を取り戻すためには、多くの労力と時間が必要である。したがって、職場において汚職が疑われた場合は、速やかに調査を開始して事実を究明する必要がある。

　市役所にOBが出入りすることは珍しいことではないが、そのOBの立場が利害関係者に該当するような場合には、面会の方法を工夫して疑惑を招かないようにするべきである。具体的には、必ず複数の職員で面会することとし、場所は、個室ではなく、打合せコーナーなどオープンな場所とするべきである。

　事例についてみると、B課長が汚職に手を染めている可能性が高いことから、A係長は速やかに人事部門へ報告するべきである。この問題の重大さを考えれば、これは一種の危機管理であり、A係長は直ちに行動を起こす必要がある。

　なお、元職員の働きかけの規制については、地方公務員法38条の2を参照のこと。

❶　誤り。既に服務上の事故が疑われるので、事実関係の調査が必要であり、B課長に行動を正すように注意を促すだけでは不十分である。

❷　誤り。B課長が実情を正直にA係長に話すとは考えられず、問題は解決しない。

❸　妥当である。もし、B課長が汚職をしていた場合、市役所全体の問題となる。したがって、市の人事部門に早急に相談するべきである。

❹　誤り。極めてデリケートな問題であり、契約係の職員に知らせるべきではない。

❺　誤り。C顧問がA係長の懸念を否定したらそれまでであり、問題は解決しない。

【正解　❸】

Q

　Aは、県の商工部産業振興課の支援係長である。B産業振興課長は、商工部の経験が長く、業界団体にも多くの知人がいる。X工業会は県内の製造業の企業が設立した団体であり、支援係が補助金を交付している。X工業会では、C理事長とD副理事長が当該補助金の使途をめぐって対立していたが、B課長はD副理事長と親しかった。ある日、A係長はB課長に呼ばれ、「X工業会への補助金の対象は、昨年度までは試作品開発だったが、今年度からは商談会開催に変更する」と言われた。この変更はD副理事長の意向に合致していたが、この補助金の交付目的が中小企業の開発経費の支援であることから、A係長はこの変更に疑問があった。この場合、A係長の対応として最も妥当なものは、次のうちどれか。

A

❶　B課長が補助対象を変更しようとする理由を詳しく聞き出し、資料を集めて補助対象を変更する理由をまとめる。

❷　C理事長に連絡をとり、補助対象を試作品開発から商談会開催に変更しても差し支えないかどうかを確認する。

❸　D副理事長に連絡をとり、商談会開催を補助対象とした場合、どのような商談会を開催する予定なのかを確認する。

❹　X工業会内部の対立が絡む微妙な問題なので、B課長の上司である商工部長に相談する。

❺　B課長に対して、補助金の交付目的を説明したうえ、補助対象の変更について再考を促す。

解説

　業界団体は、当該業界の振興を目的として設立されたものが多く、自治体としては、業界団体を通じて業界の状況を把握するとともに、自治体の意向を伝えてもらうなど、その関係は施策を推進するうえで重要である。ただし、行政はあくまで中立を保つ必要があり、同じ業界に複数の団体がある場合は、その距離を等しく保つ必要がある。また、業界団体の特定の者と親しくすることは避けなければならない。

　事例についてみると、B課長はD副理事長と親しく、その意向を受けて補助対象を変更しようと考えている。しかし、X工業会では、C理事長とD副理事長が補助対象をめぐって対立していることを踏まえれば、B課長の判断は不適切である。補助対象を変更した場合、C理事長からの反発も予想され、県庁がX工業会内部の対立に巻き込まれるおそれがある。そのようになれば、県は、X工業会に協力してもらうことが困難になる。A係長としては、B課長が指示した補助対象の変更が、補助金の交付目的にそぐわないことを説明して、B課長がより適切な判断をするように補佐するべきである。

❶　誤り。B課長に理由を尋ねるのはよいが、自分の疑問点を述べなければB課長が適切に判断することを補佐することはできない。

❷　誤り。補助対象を変更しようとしていることをC理事長に伝えた場合、C理事長からの反発が予想され、県庁がX工業会内部の対立に巻き込まれる可能性が高い。

❸　誤り。D副理事長に期待を持たせ、その結果、❷と同様に、県がX工業会内部の対立に巻き込まれる可能性が高まる。

❹　誤り。係長の立場としては、B課長を飛ばして直接商工部長と相談するべきではない。

❺　妥当である。係長としては、補助金の目的を要綱などの根拠を示しつつ説明し、B課長が正しい判断を下すように補佐するべきである。

【正解　❺】

上司・同僚に先手を打て！

　自治体職員は、時代や世論の変化に敏感でなければならない。10年前には何でもなかったことでも、世の中が変われば、厳しく批判される。その典型が、個人情報の漏洩である。かつての職場では、個人情報に関する意識が低く、その取扱いのルールも定めていないことが多かった。しかし、今では、自治体から個人情報が漏れれば、大きな責任問題に発展する。また、セクシャルハラスメントやパワーハラスメントも、昔とは異なり、対応を間違えると裁判沙汰になる可能性もある。さらに、昨今、SNSの普及を背景に、特定の者を非難する世論が瞬く間に形成されることがあり、自らの職場がその対象とならない保証はない。

　自治体職員であれば、世の中の動向に目を光らせ、自らの職場に潜むリスクを早めに察知することが望まれる。そのためには、想像力と直感が求められる。この点は、管理職が係長よりも優れているとは限らない。むしろ、個人の意識の持ち方によるところが大きいと思われる。係長が、敏感にリスクを感じ取って、上司や同僚に伝え、先手を打って対応することができれば、自治体の組織力、危機管理能力は格段に高まるに違いない。この意味でも、自治体における係長の役割は実に大きなものがある。

2章

係長と係長

Q

　Aは、X市の振興課観光係長である。A係長は、近年、ICカードの普及が進んだことから、市の施設にICカードで利用料を支払えるシステムを導入したいと考えている。これはかねてより、議会の複数会派が市に対して要望してきた事項でもある。

　しかし、課の庶務担当係長にこの話をしたところ、庶務担当係長からは、①導入経費が高いうえ、運用経費も一定程度必要であり、市の将来的な財政負担が重くなる、②システムはすぐに陳腐化する、③すべての市民がICカードを持っているわけではないので、券売機や有人窓口は廃止できず、二重投資となる（人件費は削減できない）、と反対された。A係長は、市民等の利便性向上と施設利用者数を伸ばすためにも、何とかしてシステムを導入したいと考えている。こうした場合のA係長の対応として最も妥当なものは、次のうちどれか。

A

❶　先行導入事例、導入経費と運用経費、利用者数見込みなどの導入効果を具体的に示しながら、庶務担当係長の説得に努める。

❷　課長に事業の必要性や議会会派からの要望内容を伝え、課長に庶務担当係長を説得してもらう。

❸　市長の公約等を所管する政策課と市全体の予算を所管する財政課に直接かけ合い、予算の確保に努める。

❹　観光業界に支持基盤を持ち、かつ、先進技術に造詣の深い議員を通じ、財政課に対して予算編成の働きかけを行う。

❺　情報システム所管部署、施設所管部署などに属する係長にも説明の場への同席を求め、庶務担当係長の説得に努める。

解 説

　近年、施設入場料の支払い方法として、クレジットカードや電子マネー等の取扱いを始める施設が出ている（例：鉄道博物館、京都国立近代美術館）。これに関して、経済産業省は、「キャッシュレス研究会の方向性」（平成29年12月14日）において、キャッシュレス環境の整備が不可欠と述べ、キャッシュレス決済率を2027年には40％に引き上げる（2016年：20％）、としている。キャッシュレス決済は、消費者に利便性をもたらすほか、事業者の生産性向上につながり、また経済全体にも大きなメリットがあるものであり、今後も利用拡大が見込まれる。

　事例をみると、A係長は、ＩＣＴを導入した事業展開を積極的に進め、市民等の利便性向上と地域活性化を実現したいと考えているが、課の予算を所管する庶務担当係長は、ＩＣＴは技術革新のスピードが速く、投資した費用が無駄になってしまうことを心配して導入に慎重になっている様子がみてとれる。庶務担当係長の危惧は正鵠を得たものであり、A係長は、これに対して、長や議会といった政治力に頼らず、事実（データ）とそれに基づく推測を述べて、丁寧に粘り強く説得するべきである。

　なお、予算編成は税収等収入をどこに配分するかという優先順位の決定のもとになされるものであり、最終的に予算化されるか否かは必ずしも事業の有益性の有無に依存するものではないことを覚えておくこと。

・・・

❶　妥当である。導入例、他施設の動向、技術の成熟度合、具体的な所要額（見込み）、利用想定など、具体的なデータを用いて説得に努める。

❷　誤り。庶務担当係長を説得できなかったからといってこれを課長に求めるのは論外であり、また、課長がこの要請を受けるとは考えにくい。

❸　誤り。組織を飛び越えて、直接、政策課と財政課にかけ合うのは組織人として取るべき行動ではない。

❹　誤り。庁内の予算編成作業に対して議員の力を借りるのは、執行機関の職員としての仕事の進め方として大いに問題である。

❺　誤り。事業を進めるため当該事業とは直接関係のない他の係長に過度に協力を求めることは適切ではない。

【正解　❶】

業務遅延への対応

Q

　Aは、保育園の補助金交付を所管する保育園係の係長であり、この課には他に、指導検査を所管する指導検査係などがある。

　今般、市内のX社会福祉法人から、同法人が運営する認可保育園の耐震補強工事に関する補助金の申請が提出された。X法人は、昨年度の立入り検査時に財務上の問題を指摘されており、これが改善されなくては補助金交付はできないが、既に改善報告が出されており、A係長は指摘事項は改善されているものと考えている。

　改善報告が提出されてからしばらくののち、B指導検査係長に、X法人の改善報告の確認作業の進捗状況を確認したところ、「頑張っているが、法人数や保育園の数が増加したことに伴い指摘事項も増えてきており、X法人まで手が回っていない」との回答であった。

　こうした場合のA係長の対応として、最も妥当なものはどれか。

A

❶　改善報告が提出されていることは確認済みであるので、指導検査係の確認を待たず、補助金交付決定を行う。

❷　X法人に対して、改善状況が確認できない限りは補助金交付ができないと伝え、指導検査係に確認を促すよう伝える。

❸　B係長と相談のうえ、自らの部下である保育園係の係員を指導検査係に派遣し、X法人の改善報告の確認を行わせる。

❹　指導検査係の業務が遅れている状況を課長や他の係長と共有し、臨時的な職員の配置換えなどにより、その遅れを解消する。

❺　改善報告の確認がなされない限り補助金の交付はできないので、X法人には耐震補強の工事を自費で行うように伝える。

解説

　業務を遂行するうえでは、1つの事案について複数の係が協力して行わないといけないこともある。こうした場合、当該事案を所管する係長同士が情報を共有し、進行管理していくことが必要であるが、現実的にはそれぞれの係が所管する業務を遂行することに手いっぱいになってしまい、あるいは、事務分掌外のことや権限が及ばない範囲について口を出すのを遠慮するあまり、隣の係が行っている業務の詳細な内容や進捗状況にまで気を配ることができないことも多い。

　事例は、補助金申請をしてきた法人が前年度の指導検査時に指摘を受けており、その改善が確認できるまでは補助金の交付決定を行うことは適切とは言えない。一方で、庁内の業務の遅滞によって補助金交付決定が遅れてしまうことは適切な業務遂行とは言えない、といった状況が取り上げられた事例である。

　こうした事態を速やかに是正するためには、指導検査係の現在の状況を課内関係者間で共有し、課長のリーダーシップのもと、業務の遅れを解消するべく必要な措置を講じることが求められる。

❶　誤り。改善報告の内容の是非を確認するまでは、改善状況の確認がなされたとは言えず、補助金交付決定を行うのは適切とは言えない。

❷　誤り。課内他係の業務の遅れを外の団体に伝えるのみでは、現状の打開にはつながらない。

❸　誤り。結果としてそのような手段をとることになるかもしれないが、自らの判断のみで部下を他の係に派遣するのは適切とは言えない。

❹　妥当である。課内で課題を共有し、課題に対応するために柔軟な態勢を整備することが望ましい。

❺　誤り。組織内の業務の遅れを理由に補助金要綱に沿った申請を受け付けないのは、補助要綱の目的にも反し、不適切である。

【正解　❹】

仕事を抱え込む係長

Q

　X課は、Aが係長を務める庶務係と2つの係の合計3係から構成されている。今般、新規事業の立上げを任されたB係長は、責任感が強く、これまでどれほど忙しくても周りに助けを求めることをせずに自らの部下職員のみで着実に成果をあげてきており、庁内でも優秀と評判の高い係長である。

　現在の係に着任してからも、これまでのやり方を踏襲し、どれほど忙しくても他の係に助けを求めることはしなかったが、その結果、Bの係は毎晩遅くまで残業することが続き、係員にも疲れが見え始めてきた。

　X課の課長は新規立上げに向けたB係長の頑張りに期待している様子で、具体的な指示を出すことはしていない。

　こうした場合の、庶務を任されているA係長のとるべき対応として、最も妥当なものはどれか。

A

❶　決められた事務分掌を尊重することが課内の秩序を守ることにつながるため、B係長への助言等は行わない。

❷　係長会等の場でB係長に現在の状況や今後の見通しを聞き、課長に相談しながら、課内での応援態勢を構築する。

❸　課長、全係長が集まる場でA係長から状況を説明し、課長からB係長に対し、他の係へ助けを求めるように指導してもらう。

❹　課長の意向を尊重し、課長から具体的な指示があるまでは、B係長の様子を見ることにする。

❺　A係長自身の判断で手伝えることがないかどうか、B係長に申入れをし、応援態勢を組む。

解 説

　多様化する住民ニーズに的確に対応していくためには、新規に事業を立ち上げていくことも多い。そうした場合、新規事業が従来まで行ってきた業務をスクラップして立ち上げた事業でない限りは、当該部署にあっては新たに業務が生じるものとなるため、業務量の見極めが大切である。特に、新規事業立上げの初年度は、事業の制度設計や関係者との調整など、様々な事務が生じるため、既存事業のボリュームや新規事業のボリュームをよく見極め、進行管理を行っていくことが重要となってくる。

　こうした場合、既存事業について、効率化を図ることができる部分はないか、縮小することができる部分はないか、係内の事務分担は適切であるか、などを考慮しながら取組んでいかないと、思わぬところに業務が集中し、係がパンクしてしまう事態に陥ってしまう可能性もある。

　新規事業の立ち上げ時は、制度の細部が固まっておらず、業務量の見極めが難しいからこそ、係と係が協働し、セクショナリズムを排し、助け合っていくことが重要なのである。

❶　誤り。新規事業の立ち上げ時には、業務量の見極めが難しく、年度途中であっても、柔軟に課内の体制を見直していくことが重要である。

❷　妥当である。B係長の係の業務量が増加しているのは一時的なものであるか否か、課長を交えて検証することが必要である。

❸　誤り。課長がB係長を指導することは妥当だが、A係長が働きかけて指導されたことが伝わるとB係長のモチベーションに悪い影響を与えかねず、場面の設定には工夫が必要である。

❹　誤り。B係長の部下の係員が疲弊している現状を放置することは好ましくない。

❺　誤り。A係にも業務分担に沿った業務があり、A係長の判断でB係を手伝うことは、部下の係員や他の係の係員からの理解を得られない場合もある。

【正解　❷】

Q

　X市産業振興課は、庶務担当である振興係のほか、農業係、森林係、商工係の4つの係から構成される。4月に商工係長に着任したA係長は、内部管理部門が長く、産業振興関係は初めてとなる。同じく4月に、商工係長から振興係長へ異動したB係長は、入庁以来、産業振興畑一筋で、産業振興課のすべての係長を経験した後に振興係長に着任したベテラン係長である。

　A係長は、4月以降、自らの知識、経験の不足を補うため、折あるごとにB係長に業務上の相談を持ち掛け、アドバイスを受けてきた。A係長は、B係長のアドバイスを極力尊重するよう努めてきてはいたが、最近、自らの部下である商工係職員までがB係長の言うことに従うようになってしまい、頭を悩ませている。こうした場合の、A係長のとるべき対応として最も妥当なものはどれか。

A

❶　産業振興課の業務を知り尽くすB係長のアドバイスに間違いがあるわけはなく、引き続きB係長のアドバイスに従うことにする。

❷　B係長のアドバイスを参考に、知識の習得や民間事業者との関係構築に努めるなど、商工係長として独り立ちするべく努力する。

❸　B係長に、Aの立場を考え、指摘や提案は極力人前では行わないように依頼する。

❹　商工係の係会の場で自分の考えを係員に説明し、今後は、B係長からの指示には従わないように係員に命令する。

❺　商工会、商店街、JA（農業協同組合）などの担当者を呼び、B係長との関係を絶つように依頼する。

解 説

　人間誰しも知識や経験があり、自信がある分野には首を突っ込みたくなるものである。特に、B係長は、長年、産業振興畑一筋、さらに課のすべての係の係長を経験した、いわばその道のプロ中のプロとも言えるベテラン職員である。

　しかしながら、B係長が行っている、他の係の業務に口を出し、その係員に指示を出すという行為は、組織人としては大きな問題であり、指揮命令系統は一元的でならなければならない、という「命令一元化の原則」にも反するものである。

　一方で、B係長の立場に立って考えてみると、B係長の行為は、単なる勇み足、あるいは、生来の性格に起因したものとも言い切れず、あるいは、A係長の仕事の仕方に歯がゆさを感じて口出ししているのかもしれない。

　こうしたことも考え合わせると、A係長としては現在の状況が生まれてしまったことを謙虚に受け止め、自らの知識・経験・人脈の獲得にも最大限努力する必要があるのである。

❶　誤り。B係長のアドバイスに従うだけでは自らの職責を果たすことができないばかりか、係員からの信頼をも失ってしまいかねない。

❷　妥当である。馴染みのない産業振興分野ではあるが、1日も早く商工係長としての職責を果たせるよう、自己研鑽に励むべきである。

❸　誤り。人前での指導、指摘を避けるよう依頼することは妥当であるが、それだけでは根本的な解決に結びつかない。

❹　誤り。折あるごとにB係長にアドバイスを求め、これを尊重する姿をとりながら、部下にB係長の指示に従うな、というのは間違っている。まずA係長自らの姿勢を改めるべきである。

❺　誤り。庁内の連携、コミュニケーションの問題など、組織内の問題について、外部の団体に解決を求めるのは筋違いである。

【正解　❷】

仕事を他の係長に押しつける係長

Q

　X市福祉部指導検査課は、庶務担当の指導計画係、審査第一係（高齢担当）、審査第二係（保育担当）、審査第三係（障害担当）の4係からなる。Aは、審査第二係長として4月に異動してきた係長である。従来、審査担当の3係長は所掌分野が異なることも手伝って、日常的な情報交換をしない、いわゆるセクショナリズムの傾向が強い。

　ある日、近年審査件数が増えている審査第一係長のB係長が、「自分が所管してきたY社会福祉法人が運営している高齢者施設だが、Y法人は、多くの保育園も運営しているのだから、高齢者施設も含めて、審査第二係で一体的に審査をした方が効率的だ」と言い出し、Y法人が運営する高齢者施設の審査を審査第二係に押しつけてきた。

　こうした場合のA係長の対応として、最も妥当なものはどれか。

A

❶　審査第一係の業務増は一時的なものと判断し、審査第一係の業務が落ち着くまで、審査第二係で審査第一係の業務を肩代わりする。

❷　B係長の主張は妥当だと思われるので、A係長の判断で、Y法人の高齢者施設も合わせて審査第二係が担当することとする。

❸　事務分掌と異なる業務を行うことは好ましくないため、課長と庶務担当の指導計画係長の同席のもと、B係長の主張を退ける。

❹　課長了解のもと、今回は、従来通りの整理とするが、これを機に効率的な審査のあり方の見直しを進めることとする。

❺　課長や指導計画係長、審査第三係長に自分の主張を説明し味方につけたうえで、係長会で高齢者施設の担当はB係長である旨の決定を行う。

解 説

　少子高齢化の進展の中、今後、職員数が増えていくことは考えにくく、現状の人員数で複雑化・多様化する行政ニーズに対応していかなくてはならない。こうした場合、課単位・部単位である程度の柔軟な体制（年度途中の職員配置の変更など）を確立していくことが求められるが、そうした体制を制度上整えても、なお従前の慣習に縛られたり、一度配置換えを行った人員の再配置が実際になされるのか、といった不安から、柔軟な体制が組織に根づくまでは、一定程度の時間を要すると予想される。

　事例のように係間で業務の繁閑が異なる場合、本来であれば、課長のリーダーシップのもと、課内４係すべての職員体制について見直しを実施し、臨機応変な人員の再配置を行うべきである。特に、指導検査といった業務は、法人本体については審査項目に大きな違いはなく、突発的事案に対して課を挙げての対応が比較的容易な職場と言えることから、そうした柔軟な運用を採用しやすいと思われる。B係長の「同一法人なのだから施設種別が分かれても同じ係で審査をするべきである」という主張もあながち間違った主張とも言えないことから、これを契機とし、より効率的な指導検査のあり方を考えていくことが妥当である。

❶　誤り。業務量の評価と事務分担の変更や人員配置の異動について、課長を介さず当事者間のみで決めることは妥当とは言えない。

❷　誤り。B係長の主張にも一理あるが、施設種別ごとに評価すべきポイントは異なることから、施設種別を無視した分担には無理がある。指導検査体制を、法人担当と施設種別担当とに編成し直すなど、検討の余地はあるが、十分な検討もせずに引き受けるのは適切ではない。

❸　誤り。審査第一係の業務増に対する対応が考えられておらず、セクショナリズムを助長してしまう可能性がある。

❹　妥当である。B係長の主張にも一定程度評価すべき点もあり、これを機に指導検査のあり方を抜本的に見直すことが適切である。

❺　誤り。組織内の多数派工作は、組織内に疑心暗鬼を呼び起こすことにもつながりかねない、組織人としてあるまじき行為である。

【正解　❹】

隣の係が多忙でも協力しない係長

Q

　今年度、市政施行50周年を迎えるＸ市は、これを記念して年間を通じて様々なイベントを実施することを決め、専管組織として企画部企画課に事業推進係を新設した。Ａは、事業推進係長として着任して以降、精力的に仕事を進めてきたが、10月１日に開催予定の記念式典の準備までは手が回らず、役所内からは、「記念式典は無事に開催できるのか？」といった声が聞こえるようになってしまった。Ａ係長はそうした声を聞くまでもなく、係長会の場を通じて他の係に協力を求めてきたが、他の係も忙しく、協力態勢を組むことができずにいた。

　そうした中、Ｂ係長の係の業務が上半期で一段落することが分かったため、Ａ係長が協力を依頼したところ、Ｂ係長からは、「下半期の業務量が見えないので、申し訳ないが協力できない」と断られてしまった。

　こうした場合のＡ係長の対応として、最も妥当なものはどれか。

A

❶　他の係も業務が忙しいことは理解できるので、他の係からの協力は断念し、引き続き、事業推進係のみで業務を進めていく。

❷　業務量に見合った人員配置となっていないことが原因なのは明らかであり、課の庶務担当係長に対し、係員の増員を要請する。

❸　課内だけでは業務を消化できないので、商工部や市民部にも協力要請を行い、全庁を挙げた態勢を構築する。

❹　係長会の場で、記念式典やイベントの内容を具体的に示し、協力してもらいたい事項を明確にしたうえで、改めて協力を求める。

❺　既に締結している式典開催委託契約の内容を変更し、委託業者に業務を割り振ることにより、事業推進係の負担の軽減を図る。

イベントは、開催規模が大きくなればなるほど関係者が多岐にわたり、調整事項が増えることや、趣旨を来場者にきちんと伝えるといった成果、イベントを一過性のものとしないための仕掛けも要求されるため、担当者は、企画立案・事前調整・告知・開催・事後のフォローアップに至るまで、様々な場面で多くの苦労を強いられる。

自治体が主体的に開催するイベントであれば、少なからず税金を投入することになるので、上に挙げたものは当然に留意すべき事項だが、イベント開催を機に、市内の関係団体とイベントの趣旨を共有し、方向性を一致させることができれば、その後、市が公共サービスを提供する際に強力な支援者となってくれることも大いに期待できるので、担当者には、熱意とやりがいを持って取組んでいくことを求めたい。

事例では、記念式典の開催が危ぶまれる状況が生じていることから、早急に手立てを講じる必要がある。イベントは一時的な業務であり、かつ、様々な外的要因によって業務量が増減しやすいものなので、通常業務を抱えている係長は協力したい気持ちがあっても二の足を踏むところもある。こうしたことも理解して、A係長は、イベント内容と依頼する内容を明示したうえで、協力を求めていく必要がある。

❶　誤り。現状のままでは、式典や他のイベントの開催に支障が出るような事態に陥ってしまう可能性が高く、その影響は計り知れない。

❷　誤り。年度途中に人を異動させることは容易には認められないので、まずは現在の配置の中でできることを探していくべきである。

❸　誤り。自課の他係と同様、他の部も忙しいのは変わらない。自課で協力を得られない中で他部に協力を求めても到底理解は得られない。

❹　妥当である。具体的な協力内容が見えないことが他の係が協力を躊躇する一因となっていると思われるため、Aは協力を求める範囲を明確にし、改めて要請していく。

❺　誤り。契約変更に伴い新たな経費や手続業務が発生するため、まずは課内での体制整備を試みるべきである。

【正解　❹】

Q

　X市では、従来から、係長昇任時には、現場と組織運営の両方を体験できるポストに配属させることとしている。4月に係長に昇任したAは、水道部工務係長（庶務担当）に配属されることになった。やる気に満ちて着任したA係長は、従来の慣習やしきたりにとらわれることなく、次々に業務改善を実行し、成果をあげていった。同じ課のB給水係長とC施設係長もこうしたA係長の取組みに理解を示し、協力的な姿勢を示していた。

　ところが、半年が過ぎたころから、課内に単純なミスをする職員が増え、課の士気の低下が感じられるようになった。B係長とC係長は、実情を無視した性急な業務改善が原因で課に混乱が生じていると考え、A係長の取組みから距離を置くようになってしまった。

　こうした場合のA係長の対応として、最も妥当なものはどれか。

A

❶　課長に状況を報告した後に、B係長とC係長の意見を聞く場を設けたうえで、課の業務改善は、引き続き進めていく。

❷　当面、給水係と施設係に関する業務改善は行わないこととし、工務係に関する業務についてのみ改善を進めていく。

❸　B係長とC係長の意向や課の組織風土を尊重し、当面の間は、従前までと変わらない業務を行うこととする。

❹　課の庶務担当として、超過勤務手当の配分や翌年度の人員配置への配慮を匂わせながら、B係長とC係長の協力を取りつける。

❺　課長を通じて課内に業務改善の必要性を周知するとともに、課の職員からも意見を聴取し、可能なところから業務改善を進めていく。

解説

　私たち自治体職員が、現在、提供している行政サービスの水準を落とすことなく、少子高齢化、人口減少、伸び悩む税収、住民ニーズの多様化・複雑化といった現下の状況に的確に対応していくためには、不断の業務改善の取組みが必要である。特に、時代の移り変わりの激しい現在においては、日々の業務改善を通じて財政的・人的資源を捻出し、それらを用いてより質の高い行政サービスを提供していくことは、自治体職員に課せられた使命である。

　事例では、同僚であるB係長とC係長は、そうした業務改善の必要性を頭では理解しつつも、実際に取組んでみて、組織風土や職員の意識との間にあるギャップが明らかになったことに動揺してしまい、旧態依然とした仕事の仕方に逆戻りしかねない状況となってしまっている。

　こうした場合、性急な業務改善を進めてはかえって通常業務の質を落とすことにもつながりかねないので、課長のリーダーシップのもと課一丸となって業務改善の取組みを進める職場風土の醸成と、比較的取組みが容易なところから業務改善を進めることで成功体験を積み重ねていくことが重要である。

❶　誤り。単純なミスが増え、課の士気が下がるといった、現実に問題が生じている中で、従来と変わらない姿勢を続けては事故が生じかねない。

❷　誤り。係単位の業務改善では効果も限定的なものとなってしまう。業務改善の成果を最大化するためには、課を挙げた取組みが望ましい。

❸　誤り。周囲のプレッシャーに負けて事なかれ主義に陥ってはいけない。市民と市政のことを第一に考え、改善に邁進するべきである。

❹　誤り。目先に飴をちらつかせて協力を求めるのは手法として誤りであり、長期間にわたる効果も期待できない。

❺　妥当である。課全体で業務改善の必要性を共有し、取組みの方向性を一致させるとともに、現場の意見を聞きながら改善を進めていく。

【正解　❺】

Q

　X課は、出先事務所の窓口業務を所管する課であり、管理係、事業係、相談係の３係から構成されている。Aは昨年度に管理係長（庶務担当）に異動してきた現在２年目となる係長であり、Bは相談係３年目、定年退職まであと１年と少しを残す係長である。

　B係長は、退職までの時間が短いこともあってか、今年度に入ってから、著しく業務に対する意欲が低くなっている。現在までのところ、係員のおかげもあって窓口業務自体に大きなトラブルは起こっていないが、最近は、来庁した住民の話をあまり聞いていない、勤務時間中に居眠りをする、長時間無断で離席する、といった問題行動も目立つようになってきた。相談係の係員もB係長を持て余すようになり、A係長のところに頻繁に相談に来るようになっている。

　こうした場合のA係長の対応として、最も妥当なものはどれか。

A

❶　課長に報告し、課長からB係長への指導を求めるとともに、翌年度の他課への異動も強く求めていく。

❷　B係長との話合いの場を設け、これまでの業績をねぎらいつつ、B係長の問題点を具体的に指摘し、改善を強く求めていく。

❸　係長会などにおいて、監督職の役割や組織運営についての意見交換の場を設け、それとなくB係長に行動変容を促していく。

❹　勤務時間中の居眠りは職務専念義務違反に当たるので、本庁の服務担当に連絡し、本庁から指導してもらう。

❺　事業係の係員には、B係長がいなくても業務が遂行できるように係運営のあり方を見直すように指導する。

解説

　読者が公務員生活を長く送るうちには、退職後の生活を思い描くことに精いっぱいで、現在の職務に十分に注力しない、残り少ない公務員人生を無事に乗りきることを第一に考え、直面する課題に正面から向き合おうとしない、といった退職間際の職員に出会う場合もある。こうした場合、「あと少しだから大目に見てあげるか」「先輩だから指摘しづらいし、自分がやればいいのだから見て見ぬふりをしよう」などという気持ちが湧きおこるかもしれない。しかし、「すべて職員は、全体の奉仕者として公共の利益のために勤務し、且つ、職務の遂行に当つては、全力を挙げてこれに専念しなければならない。」（地方公務員法30条）を引くまでもなく、自治体職員は、自らの職務と責任を誠実に果たすことが求められており、職員のこうした行動を看過するわけにはいかない。

　本事例のB係長は、これまで住民との間でのトラブルこそ起こしていないものの、居眠り等の問題行動に加え、周囲の職員に悪影響を及ぼすようになっており、早急な対応が必要である。A係長としては、まずはB係長が自ら気づき、自らの意思で姿勢を改めるためのきっかけを提供し、それでも改善が認められない場合には、直接的な注意や上司である課長からの指導を求めていくことが妥当である。

❶　誤り。問題を課長に押しつけるに等しい行為であり、係長の立場でできる対策を模索しようという姿勢が見られない。

❷　誤り。こうした手段が有効な場合もあるが、直接的な関わりが相手のプライドを刺激し、態度を硬化させる恐れもあるため、注意が必要である。

❸　妥当である。課の庶務担当係長として、全体会などの場で、管理監督職のあるべき姿を共有し、本人の気づきを促していく。

❹　誤り。勤務態度不良であることは明白だが、すぐに本庁の服務担当に委ねるのは不適切。まずは自分達での解決を目指すべきである。

❺　誤り。B係長の問題を放置したままとなっており、問題の解決につながっていない。なお、係長は組織の最小単位である係の管理運営の責任を負うものであり、それを無視した組織運営を進めることは誤りである。

【正解　❸】

Q

　X市生活課は、多文化共生、市民活動や自治会の支援、消費者相談や消費者団体対応などを所管しており、Aは市民活動支援係長を務めている。消費生活係長を務めるBは、消費生活アドバイザーの資格とNPO法人役員の経験を買われ、昨年度、市に採用された職員である。

　A係長の着任以来、B係長はA係長に対して、折に触れて市民活動支援係の業務である自治会等への対応などについて意見や助言をしてくる。当初、A係長は、そうした意見や助言を、「民間の話が聞ける」として尊重していたが、最近は、自らの自慢話やA係長の仕事の進め方に対する意見、誤った前提に基づく公務員批判にまで広がることが多くなってきたことから、B係長の話を聞くことを苦々しく思うようになってきた。

　こうした場合のA係長の対応として、最も妥当なものはどれか。

A

❶　民間経験者の意見はなかなか得難いので、その意見を極力尊重し、意見に沿うように仕事を進めていく。

❷　現在までのところ、B係長の話は自慢話がメインであり、実害も生じていないので、適当に相槌を打ち、話半分で聞き流す。

❸　助言はありがたいが、A係長にはA係長の考えや仕事の進め方があるので、「今後は、自分の係のことへの口出しは無用」と断る。

❹　是々非々で話は聞くが、B係長の発言を放置しては職場への悪影響が懸念されるので、課長に相談し、課長から指導してもらう。

❺　あまり目に余るようであれば、「組織には組織の風土があり、それに反するような言動は慎むべき」とB係長に助言を行う。

解 説

　少子高齢化の進展や、個人の生活スタイルや価値観の変化に合わせて、雇用方法や雇用形態の多様化が進んでいる。現在、高度に専門化が進んだ行政分野については、内部職員の育成のみによる人員の確保には限界があり、専門人材の任期付任用や経験者採用などの外部登用によって、組織内に専門的なノウハウを移植するといった手法も行われている。しかし、経験者のそれまでの経験や知識がそのまま自治体でも有効かというと決してそうではなく、それぞれが持っているものを出し合い、足りない部分を補い合う、という姿勢を持ちながら、それぞれのノウハウをうまく融合させていくことが、更なる質の高いサービスの提供につながる。

　事例では、Ｂ係長の言動は、当初こそ民間経験に基づき自治体のサービス向上に有効なものもあったと思われるが、それに気をよくしたのか現在では、自らの自慢話や組織に対する批判が増えてしまっている。こうした事態を放置すると、本人はそれを是としてますます増長してしまい、結果として本人が組織に馴染めなくなってしまうばかりか、周りの職員の士気にも悪い影響を及ぼすことにつながるため、早急な対応が必要である。Ｂ係長と同じ職層のＡ係長としては、Ｂ係長の言動を是々非々で判断する、という姿勢を持ちつつも、組織運営に悪い影響を及ぼしかねないＢ係長の姿勢を正すため、課長からの指導を求めるべきである。

❶　誤り。民間経験者の知識や経験は有益なものがあるが、すべてが市政に適用できるわけではなく、個々具体的な検討と判断が必要である。

❷　誤り。聞き流す、という行為は、Ｂ係長に「現状を認められている」と受け取られかねない。実害が生じる前に芽を摘むことが重要である。

❸　誤り。Ｂ係長の言動のすべてが有害なわけではない。すべてを拒む行為は、Ｂ係長にとっても、組織にとっても益にはならない。

❹　妥当である。Ａ係長の立場や今後の課運営を考えると、Ａ係長が問題の解決にあたるよりも、課長からの指示を求めることが妥当である。

❺　誤り。肢のような発言は、Ｂ係長との間に信頼関係があることを前提になされるべきであるが、本事例ではそこまでは読み取れない。

【正解　❹】

Q

　X市契約管財課は、庶務担当の契約調整係、契約第一係及び契約第二係の３係から構成されており、Aは契約調整係長、Bは契約第二係長である。B係長は、従来から体が弱いため年次有給休暇取得が多いため、毎年当初の年次有給休暇取得可能日数は多くない。また、子供が病弱であるため既に看護休暇を取得しきっており突発的な年次有給休暇を取得することが多い。さらに夏からは、親の介護が必要となり、短期介護休暇の制度も利用するようになっている。このように、B係長は、様々な制度を利用して休暇を取得していたが、10月には年次有給休暇残日数が５日となってしまい、このペースで休むと年末には残日数がなくなり、場合によっては欠勤となってしまう恐れが出てきた。B係長は仕事には熱心で、業務に支障が生じてはいない。こうした場合のA係長の対応として最も妥当なものは、次のうちどれか。

A

❶　人事所管課とかけ合って契約第二係の主任を係長に昇任させたうえで、B係長に病気休暇を取得させ、B係長の欠勤を防ぐ。

❷　職場の人間が私生活に立ち入ることは極力避けるべきなので、特段の配慮はせず、B係長に引き続き頑張ってもらう。

❸　課長とB係長との面談を設定し、課長からB係長の生活状況を聞き出してもらい、合わせて支援制度の紹介をしてもらう。

❹　自分の課から欠勤職員を出すわけにはいかないので、人事所管課にかけ合って、他課に異動させる。

❺　定期的にB係長との面談の場を設け、きめ細かな状況の把握に努めるとともに、得られた情報を課長に報告する。

解　説

　人事院は、平成30年３月30日の「仕事と育児・介護の両立支援制度の活用に関する指針」の「基本的考え方」において、「公務においても、職員一人一人の多様なニーズを柔軟に受け止め、能力を最大限に発揮できるようにする必要がある。育児・介護を行う職員についても、意欲をもって職務に従事することができるよう、全ての職場において、仕事と育児・介護の両立を尊重する職場風土の形成や、必要な体制整備等を進め、両立支援制度が適正に活用されるようにしなければならない。また、両立支援制度は、職員が育児・介護を行えるようにするためだけではなく、職員が勤務を継続し、キャリアを形成していくことができるようにすることによって、能率的な公務運営に資するためのものでもあることを踏まえることが重要である。」と述べている（一部抜粋）。

　事例をみると、Ｂ係長は、既に、自らの自治体の様々な制度を利用しているが、それでも年次有給休暇残日数が少なくなってしまっている。勤怠は働く者の基本であり、不適正な休暇の取得や欠勤は避けなければならない。このため、所属はきめ細かな状況の把握に努め、Ｂ係長が利用できる制度の紹介を通じてＢ係長の勤務継続を支援するべきである。

　なお、休暇制度は自治体によって内容が異なるので、利用の際は、自らの自治体の制度をよく知っておくこと。

❶　誤り。昇任には任命権者の選考が必要であり、年度途中に単独でこれを行うことは現実的ではない。

❷　誤り。一般的な認識としては妥当だが、当該職員が職場でしっかり職務を遂行するために職場が一定程度の関与を行うことは必要である。

❸　妥当である。部下職員が能力を発揮できるように環境を整備していくことは所属長の責務である。課長がその職責を適切に果たせるよう、場の設定や説明に必要な資料の準備等を行う。

❹　誤り。解決になっていない。

❺　誤り。肢の行動は悪くはないが、人事上の配慮や服務事故の防止は、Ｂ係長の上司である課長が行うものと整理するべきである。

【正解　❸】

職員のマナーが役所を滅ぼす？

　係長は、業務の執行や職場の管理を行うのは当然であるが、それ以外にも、職員のマナーにも気を配るべきである。残念ながら、自治体では、年齢に関係なくマナーを身につけていない職員が散見される。例えば、職場での大声を出しての私語や高笑い、エレベータの中でのムダ話などは、住民に不快感を与えるとともに、公務員批判を高めるのに一役買ってしまう。しかも、非難の矛先は、マナーをわきまえている職員にも向かうのである。

　職員のこのような振舞いを見かけたら、係長は直ちに厳しく注意して、改めさせなくてはならない。この他にも、電車や飲食店の中では仕事の話は控えること、庁舎のロビーにおける職員同士の私的な待合せは慎むことなど、社会人としての基本的マナーをしっかりと部下職員に指導するべきである。すべての職場でこのような細かいことを積み重ねれば、住民から不必要な誤解を受けることも少なくなっていくのである。

3章

係長と部下

経験豊富なベテラン部下

Q

　Aは、この4月に福祉課市民福祉係長に着任してきた。A係長は、行政経験は豊富だが、福祉分野は初めての勤務になる。市民福祉係には、A係長よりも一回り年齢が上で、在籍が5年目を迎えるベテラン職員であるB主任がいる。

　B主任は、福祉関連部署での勤務経験が長く、専門知識が豊富であるだけでなく、X市内の福祉関係者や事業者と太いパイプを持っている。また、これまで豊富な経験や人脈を活かし、X市の福祉行政において大きな成果をあげ、市長賞を獲得することもあった。一方、個人プレー的な行動がしばしばあり、何か問題が生じたときに対応が後手に回って、事態が悪化することもあった。新任のA係長は、B主任に対してどのような対応をとるべきか。

A

❶　業務と直接関係ないことでも話しかけるなど、積極的にコミュニケーションをとる。

❷　個人プレーを一切控え、上司である自分への報告は必ず行うように強く指示する。

❸　課長に現状の問題点について具体的に報告したうえで、対応は一任する。

❹　いち早く福祉分野の専門知識を習得するため、B主任に対して、時間外のレクチャーを依頼する。

❺　大きな成果をあげることを期待し、注意は与えるもののこれまでのやり方を認める。

解 説

　係長にとって経験豊富なベテラン職員の扱いは難しい。職制上は、上位であっても、実務面ではかなわないことも多く、必要以上の関わりは避けがちである。このような職員を使いこなし、職場にプラスの影響を与えられるかが、係長の腕の見せ所である。そのため、たとえ煙たい存在であっても、進んでコミュニケーションを図っていく必要がある。良好な関係を築くことができれば、業務上の指示に素直に従ってもらえることはもちろん、経験に基づいた有益なアドバイスも期待できる。

　事例において、B主任は、大きな成果をあげる一方で、係長への報告がおざなりになり、問題を悪化させることもある。A係長としては、まずは日常的な接触を増やし、業務上の報告を気軽に受けられる関係を築くことが大切である。ベテラン職員に対しては、職制が上だからと言って命令口調で指示しても、効果があがらないことが多い。

❶　妥当である。信頼関係を築くため、業務外の話題でも会話をすることが大切である。徐々に業務面の報告・相談も増えていく。

❷　誤り。ベテラン職員は、職制上位者からの指示に対してその場で反論しなくとも、納得しなければ実行が伴わないことが多い。

❸　誤り。煙たい存在であっても、はじめから課長に頼るというのは、係長としては問題である。

❹　誤り。福祉分野の専門知識を習得することは重要だが、B主任に時間外のレクチャーを依頼するのは筋違いである。

❺　誤り。これまで通りのやり方を続ければ、一定の成果はあがるかもしれないが、より大きな問題を起こす可能性が高い。

【正解　❶】

私的な相談をする部下

Q

　Aは、行政課企画係長に在籍して3年目を迎え、係業務に精通しているだけでなく温厚な性格から部下からの信頼も厚い。この4月に新しく企画係に異動してきたB主事は、明るい性格で前向きに仕事に取組み、成果もあげている。

　先日、B主事から相談があると言って、業務時間中に別室に呼び出された。相談の内容は、「先日飲み会で知り合った女性を好きになってしまった。告白するか迷っているが、どうしたらいいだろうか」と仕事と直接関係ないプライベートなものだった。B主事はA係長を信頼して悩みを打ち明けたようだ。A係長は、B主事に対してどのような対応をとればよいか。

A

❶　勤務時間中の私的な相談は、職務専念義務の面からも問題があるので、その場は注意を与え、時間外に改めて相談を受ける。

❷　上司でも私的な相談に応じる義務はないので、心情的には気になるところだが、プライベートな相談は受けられないと伝える。

❸　プライベートな相談は、部下から信頼を得ている証なので、更なる信頼を勝ち取るため、時間の許す限り丁寧な対応をとる。

❹　その場では何も答えず、上司である課長に報告し、今後部下に対してとるべき対応の指示を受ける。

❺　公務員にとって、厳格に公私の区別を行うことは基本なので、今後このような相談は慎むようにその場で厳しく注意を与える。

　仕事に公私混同があってはならないが、仕事を円滑に進めていくためには、上司部下、同僚同士の信頼に基づく、良好な人間関係が必要なことは言うまでもない。従って、部下との信頼関係を深められるならば、プライベートなことであっても、可能な限り相談に乗ってあげるべきである。相談には、職場の上司としてと言うよりも、人生経験を積んだ先輩として誠実に対応することが大切になってくる。

　事例において、A係長は、プライベートな相談を受けるほど部下から信頼を得ており、このような関係は大切にしたいものである。ただし、勤務時間中にプライベートな相談を長時間にわたって受けることは、職務専念義務がある公務員としては不適当であり、避けるべきである。相談を受ける際は、場所と時間に十分注意する必要があり、少なくとも勤務時間内ではなく、仕事が終わった後に改めて時間をつくるようにしなければならない。

❶　妥当である。私的な相談にも、人生の先輩として乗ってあげることが更なる信頼につながる。但し、時間外に行うべきである。

❷　誤り。義務はないが、信頼してくれた部下の期待に応えてあげることは、その後の人間関係を考えると大切である。

❸　誤り。勤務時間内は職務専念義務があるので、プライベートな相談は時間外に受けるべきである。

❹　誤り。A係長を信頼して相談しているのに課長に報告して指示を受けていては、B主事からの信頼を一度に失ってしまう。

❺　誤り。公私の区別は重要だが、良好な人間関係を築くことも大事である。バランスは難しいが、今回は厳しく注意するほどの事例ではない。

【正解　❶】

Q

　Aは、X市の商工課の企業育成係長である。この4月に係長に昇格し、はじめて部下を持つことになった。A係長は、X市の地場産業に関する知識が豊富であり、地元商工会の関係者にも顔見知りが多い。企業育成係は、全国で開かれるイベントでX市の優れた製品を紹介する取組みを行っている。

　Bは、当係に配属されて2年目の主事だが、これまで主に福祉関係の業務に従事し、商工分野はなじみがなく知識も乏しかった。内向的な性格もあり、分からないことを積極的に周りの職員に質問することもできず、職場内で孤立してしまっている。ほかの職員もB主事を当てにせずに業務を進めており、現状では仕事に大きな支障は出ていない。A係長は、B主事や他の職員に対してどのような対応をとるべきだろうか。

A

❶　業務遂行に必要な商工分野の知識等を習得させるため、A係長がB主事を集中的に直接指導する。

❷　民間の研修講座を受講させるなど、B主事のコミュニケーション能力を向上させる。

❸　現状では仕事に大きな支障は出ていないので、当面の間は静観してB主事の成長を見守る。

❹　B主事に替えて商工分野に詳しい職員を配置するように、人事担当へ依頼する。

❺　B主事を孤立させないため、他の職員に対して毎日の挨拶と声かけの励行を指示する。

解 説

　異動によりそれまで経験のない業務分野での仕事に直面し、戸惑いから良好な人間関係を構築できず、職場で孤立する職員がいることがある。その原因は様々だが、業務に関する知識が不足しているため自信を持てず、他の職員との接触を避けている場合も多い。孤立した職員を放置しておくことは、表面上は仕事に大きな支障が出ていないとしても、組織としては損失である。係長としては、職員がなぜ孤立しているか見極め、解決を図っていく必要がある。

　事例において、Ｂ主事は、商工分野での業務の経験がなかったことが、異動後の組織にうまく溶け込んでいけなかった要因の１つである。Ａ係長自身は、この分野に精通しており、Ｂ主事に対して積極的な指導を行うことにより、Ｂ主事に十分な業務知識を身につけさせ、自信を持って他の職員とコミュニケーションがとれるように導いていくべきである。

❶　妥当である。知識、経験が豊富なＡ係長が直接Ｂ主事を指導し、知識を持たせることが組織の輪の中に溶け込むことにつながる。

❷　誤り。コミュニケーション能力を向上させるだけでは、根本的な孤立の解消にはならない。

❸　誤り。現状では仕事に大きな支障が出ていないとしても、そのまま放置することは潜在的な損失に目をつぶっている状況と言える。

❹　誤り。Ｂ主事に適切な指導を行えば、職場になじみ十分な戦力になる可能性がある。

❺　誤り。他の職員にＢ主事と積極的に関わってもらうことは有効だが、それだけでは状況は改善しない。

【正解　❶】

残業を拒む部下

Q

　Aは、福祉課生活保護係の係長である。生活保護係は、係長のほかに2人の正規職員と6人の相談員が所属しており、相談員は非常勤職員で原則として残業が認められていない。住民の窓口相談は主に相談員が対応しているが、その日に受けた相談は、2人の正規職員が要約して取りまとめることになっている。翌朝には課長に報告し、判断を仰がなければならないケースも多い。そのため、正規職員はどうしても超過勤務を余儀なくされることが多い。

　4月から生活保護係に異動してきたB主事は、ワークライフバランスを主張して残業はしないと宣言し、定時に仕事を切り上げてしまう。相談の取りまとめには、もう1人の正規職員であるC主事とA係長が暫定的に対応している。5月に入り、C主事に疲労の色が濃くなってきた。このような状況で、A係長はどのような対応をとればよいか。

A

❶　B主事にワークライフバランスよりも仕事人間を目指す意義やメリットを説明し、超過勤務を受け入れてもらう。

❷　B主事に超過勤務を受け入れてもらうことは諦め、相談の取りまとめ業務で時間外になる部分は、A係長がすべて肩代わりする。

❸　B主事に係の特殊事情と課長報告の重要性を説明し、超過勤務の必要性を理解してもらったうえで、受け入れてもらう。

❹　B主事に超過勤務を受け入れてもらうことは諦め、課長に前日の相談内容の報告は午後に行うことで了解をもらう。

❺　残業が多い人員体制に問題があるので、非常勤職員を正規職員とするように、定数管理部署に申入れを行う。

解説

　ワークライフバランスは、時代の流れであり、これからますます重視される考え方である。その基本は「１人ひとりがやりがいや充実感を持ちながら働き、仕事上の責任を果たすとともに、家庭や地域生活などにおいても、子育て期、中高年期といった人生の各段階に応じて多様な生き方が選択・実現できる」ことである。仕事と生活の調和を目指すものであり、組織に生活のすべてを捧げるいわゆる“会社人間”になる必要はない。しかしながら、仕事を中途半端な形で終わらせ、プライベートだけに力を注ぐというのでは、自治体職員としての責任を果たしていないことになる。

　事例の場合、Ｂ主事は残業を拒否しているが、ワークライフバランスを主張するならば、自らに与えられた業務については、たとえ超過勤務になったとしても十全にこなさなければならない。Ａ係長は、現在の業務分担や人員配置が適正であることを含めその点をしっかり説明し、職責を果たすことについて納得させて受け入れさせる必要がある。

❶　誤り。超過勤務は受け入れてもらいたいが、その理由が仕事人間を目指すというのでは、時代錯誤である。

❷　誤り。Ａ係長がすべて肩代わりした場合は、本来の係長業務に支障を来すことになりかねず、避けるべきである。

❸　妥当である。Ｂ主事に対して資料等を使って説明し、納得のうえ、超過勤務を受け入れてもらうことが重要である。

❹　誤り。課長への朝一番の報告は、そのあとの判断につながる重要な業務であり、変更するべきではない。

❺　誤り。事例にあるような理由で、年度途中の人員体制の変更を定数管理部署に申し入れても、実現は難しい。

【正解　❸】

産休の代替職員を要求する部下たち

Q

A係長が所属する産業課観光振興係は、X市の観光振興策を一手に所管している。この係は、日々の業務をこなすために残業が常態化しているだけでなく、市内で行われる観光イベントへの参加など、休日出勤も多い多忙な部署である。部下の係員は、30歳以下の若手が中心で、仕事に対する意識は高く、必要ならば深夜までの残業も厭わないメンバーである。

年度途中で妊娠の報告があったB主事の出産日が近づき、産休に入る日が迫ってきた。年明けには、「X市観光カーニバル」が予定されており、1名減少した人員で現在の業務をこなすためには、更なる負担を係員に強いることになる。係員の間からも、ぜひ代替職員1名を確保してほしいと強く要請されている。このような状況で、A係長はどのような対応をとればよいか。

A

❶ 残ったメンバーで現在の業務を執行していくため、係員に超過勤務の増加を受け入れるようにお願いする。

❷ 代替職員の確保について、1名の増員を職員定数の管理担当部署に対して、強く要請する。

❸ 人員管理の問題は管理職の範疇として、代替職員確保、運営体制の見直し等は課長に任せる。

❹ 係員の負担が増えないように、係の分掌になっている一部の業務について、遂行を凍結する。

❺ 当面の代替職員としてアルバイトを採用するため、財源の確保を予算担当部署に対して、強く要請する。

解説

　年度当初に想定していなかった事態が起こり、係内に欠員が生じることは十分あり得る。業務量が変わらず、人数が減れば、残ったメンバーの負担が増大することは明らかである。残業等が常態化している組織でそのような事態が生じると、増大した負担にメンバーが耐えられなくなる可能性が高い。そのような状況では、通常は認められることが稀な年度途中での人員や財源の手当てを人事や予算担当部署に要請し、人員等の確保に努める必要がある。

　事例の観光振興係では、残業を前提にしなければ業務がこなせておらず、係員の負担はほぼ限界に達している。産休で係員が抜けてしまうと、残る係員だけでは対応しきれない可能性が高い。過重な負荷を係員にかけ続けると、メンタルを病む職員が発生するリスクも高まるので、通常は認められる可能性の低い年度途中の人員要求にも躊躇するべきではない。

　ただし、通常の昇任試験の「行政判断」では、設問の中にある「増員の要求」や「職員の異動」を含む選択肢は不正解となる場合がほとんどである。今回は切迫した状況を設定し、通常では正解になり難い「増員」を含む選択肢を他との比較から正解としている。

❶　誤り。係員は超過勤務の増加を受け入れるかもしれないが、過度の負担の継続はメンタルを病むリスクを高めることになる。

❷　妥当である。年度途中に要請しても実現のハードルは高いが、状況を説明すれば認められる可能性は十分ある。

❸　誤り。最終的には、管理職である課長に判断を仰ぐことになるかもしれないが、はじめから丸投げするべきではない。

❹　誤り。通常、係の分掌になっている業務で不要なものはなく、原則として遂行することを前提に対応を考えるべきである。

❺　誤り。アルバイトの採用は一時的な措置に過ぎず、係の現状を考えると正規職員を要求するべきである。

【正解　❷】

業務の進捗報告が遅れがちな部下

Q

　Aは、係長歴6年目を迎える中堅係長である。A係長の属する雇用促進課就労支援係は、就労を希望する失業中の住民に専門的な技能訓練を行い、新たな職探しを後押しする事業を行っている。係の仕事は相互に関係しており、訓練を実施する業者の選定、参加者の募集、受講後のフォローなど、年間を通じて一連の流れがある。

　B主事は就労支援係に配属されて3か月が過ぎるが、担当業務の進捗状況報告が遅れがちである。これまでも、A係長は、仕事を進めるうえでは、速やかな報告を行い、必要に応じて指示を受けるように何度か注意してきた。今回、職業訓練を行う業者選定にあたって必要な説明会が、B主事の対応の遅れが原因で延期される事態が生じた。A係長は、B主事に対してどのような指導を行うべきか。

A

❶ 「報・連・相」の重要性を改めて説明したうえで、引き続きOJTを通じて、B主事の育成を目指していく。

❷ 教育係として部下のC主任を指名し、B主事の業務は原則としてC主任のチェックを受けながら遂行することとする。

❸ B主事の対応の遅れで係全体に迷惑がかかったことについて、他の職員がいない場所でしっかりと注意して、けじめをつける。

❹ 業務スケジュール表を作成させ、毎週月曜日に打合せを設定し、担当業務の進捗状況と1週間の予定を報告させる。

❺ 課長にこれまでの仕事ぶりと今回の失敗について報告し、B主事を異動させるように進言する。

解　説

　仕事の進め方は「報・連・相」が基本であり、適切にできていないと対外的な調整が不調に終わったり、重大なミスを犯してしまったりする。「報・連・相」の励行を念頭に、進捗状況等の報告が十分ではない職員には、口頭での注意を繰り返すだけでなく、具体的な作業を伴う決まりごとを作ったうえで指導することが有効である。仕事上でミスした場合に叱ることは、けじめにはなるが、具体的な育成策としては心もとない。

　事例では、B主事は何回か注意を受けているのに、仕事のやり方を変えることができず、結果として係全体に迷惑をかけてしまった。口頭での注意で改善しないのであれば、スケジュール表の作成や係会の定期開催など具体的な作業を伴う指示をするべきである。仕事をうまく進められない係員を指導し、育成していくことは係長に求められる当然の職務である。異動を安易に課長に求めるのではなく、どのようにして職員を育てていくか、場合によっては課長と相談しながら、検討していくことが必要である。

❶　誤り。B主事には何度も注意を与えており、これ以上口頭で指導しても効果はあがらないと思われる。

❷　誤り。教育係の配置は1つの解決策だが、職員数に余裕がなければ、2人分の業務を抱えるC主任の負担が重い。

❸　誤り。B主事をしっかり注意することは、一定のけじめにはなるが、仕事の進め方の抜本的な改善にはならない。

❹　妥当である。詳細な業務スケジュール表の作成、報告の義務化など具体的な作業を伴う取組みに指示することが有効である。

❺　誤り。この段階で課長に、B主事の異動を進言するようでは、部下の指導育成を放棄するようなものである。

【正解　❹】

意見が対立する2人の部下

Q

　Aは、この4月に係長に昇任した新任係長である。A係長の属する教育総務課管理係は、主任2人がペアを組んで市内の小中学校の窓口となっている。ペアで、各学校から上がってくる予算や人員に関する要望や何か問題が起こったときの対応を担っている。

　B主任とC主任のペアは年齢が近く、B主任は担当する学校の言い分をよく聞いたうえで仕事を進めていこうとするが、C主任は行政としてあるべき姿を追い求めようとする傾向がある。2人はそれぞれ十分な経験を積んでいることもあり、自らの仕事の進め方が正しいと自負している。2人の意見はしばしば対立して、対応が遅れ、担当する学校に迷惑をかけることもあった。このような状況で、A係長はどのような対応をとればよいか。

A

❶　学校の言い分をよく聞くB主任の考え方に沿って、仕事を進めるように指導する。

❷　行政としてあるべき姿を追い求めるC主任の考え方に沿って、仕事を進めるように指導する。

❸　少々時間がかかってもお互いが納得するまで十分に議論して、ペアとしての方向性を出すように指導する。

❹　ペアを解消し、B主任は考え方が近いD主任と、同じくC主任はE主任と新たにペアを組ませる。

❺　意見が対立し2人で解決することが難しい場合は、速やかにA係長に相談するように指導する。

解　説

　ペア制を組む職場では、2人の相性によって業務がスムーズに進むこともあれば、停滞することもある。行政経験を積めば、仕事の進め方には個人の考え方の違いが反映されるのは自然なことである。考え方の違いに根差した溝は、簡単には埋まらない。どの考え方が正しいかは、場面、場面で変わるものであり、一概にどれが正解とは言い切れない。状況に応じてその都度、適切な判断をしていくことになる。

　事例のように、意見が食い違った場合にどちらの考え方を採用するべきか、予め決められるものではない。従って、B主任かC主任のどちらか一方の考え方を正解として、業務を進めていくことは適切ではない。状況に応じて、採用するべき考え方は変わっていくものであり、そこに対立があるならば、B主任やC主任は速やかにA係長に相談するべきである。徒に結論が先延ばしされると業務に支障を来すことになるので注意が必要である。特に設問の部署のように、小中学校のような外部との関わりが深い場合は、結論の遅れが他組織の運営にも悪影響を及ぼすことになるので、迅速な意思決定が求められる。

・・

❶　誤り。必ずしもB主任の考え方が正しいわけではなく、状況に応じてとるべき方針は異なる。

❷　誤り。必ずしもC主任の考え方が正しいわけではなく、状況に応じてとるべき方針は異なる。

❸　誤り。お互いが納得するまで議論し結論が出せたとしても、時間がかかっては、学校に迷惑をかけてしまうことになる。

❹　誤り。2人の相性が悪いことは、よくあることであり、いちいち解消していたのでは、職場においてペア制は成立しない。

❺　妥当である。時間が限られる中、2人の意見が対立し膠着状態に陥ったら、速やかにA係長に相談させるように指導するべきである。

【正解　**❺**】

Q

　AはX市コミュニティセンターの管理係長である。コミュニティセンターは50人の職員を抱える大きな組織であり、管理係長は庶務担当としてセンター長を補佐する重要な役割を担っている。X市ではコンプライアンスの一環として、独自の内部通報制度を設けており、法令違反行為のみならず職場で起こった問題を直接監察担当部署へ告発することができる。

　B主事は、職場のいかなる課題もこの制度を活用すれば解決できると考えており、些細なものでも問題が起こるたびに上司に相談することなく内部告発をしてきた。A係長はそのたびに監察担当から呼び出しを受け、状況説明等に多くの時間が割かれ、通常業務に支障が出ている。告発は匿名が原則であり、A係長は誰が告発を行っているかは分からない。このような状況で、A係長はどのような対応をとればよいか。

A

❶　監察担当部署に対して、どのような職員が告発を行っているか、確認する。

❷　告発がゼロになるように予算執行や契約業務運営を、より一層厳密化する。

❸　制度廃止を目指し、告発への対応で通常業務に支障が出ていることをセンター長へ訴える。

❹　過度な告発は、制度の趣旨にそぐわない場合があることを職員に周知する。

❺　今後告発を一切行わないように、センター長を通じて職員に命令する。

解　説

　内部通報制度は、法令違反の早期発見と未然防止を主な目的としてされることが多く、組織内の者からの申告を受け付け、調査・対応するために整備された制度である。また、規程違反、セクハラなどの個別の問題を処理するだけではなく、組織風土、内部統制の改善を行うことを目的とする場合もある。日々生じる組織運営上の課題等は、当該職場において業務改善の取組みを通じて解決を目指していくことが原則である。したがって内部通報制度はそれらの取組みを行っても解決できない場合に初めて用いられるのが望ましい。

　事例のセンターでは、内部通報制度の趣旨を誤って解釈し、告発を頻繁に行う職員が存在する。告発への対応のため、A係長は通常業務に支障を来しており、告発を減らす取組みを行う必要がある。制度そのものは有益なものであり、それを否定するのではなく、制度の趣旨を組織内にしっかりと説明し、適切な運用がなされるように誘導するべきである。

❶　誤り。監察担当部署に確認しても、制度上、告発者の名前を伝えられることはない。

❷　誤り。予算執行や契約業務運営の厳密化は重要だが、それにより告発がゼロになることはない。

❸　誤り。業務に支障が出ていたとしても、制度自体の廃止を目指すべきではない。

❹　妥当である。組織内に改めて内部通報制度の趣旨を周知徹底し、適切な運用を目指すべきである。

❺　誤り。告発の禁止をセンター長が命令した場合、その行為自体が告発の対象になりかねない。

【正解　❹】

他の係員に仕事を押しつける部下

Q

　Aは、土木事務所工事監理係の係長である。工事監理係では、3人で1つのチームを作り、年齢に関係なくリーダーが置かれ、各チームが複数の現場を担当し、施工監理を行っている。

　Xチームに属するB主事は、現在58歳で約1年半後に定年退職を迎える。ここ最近は仕事に身が入らず、チーム内で最も若いC主事に仕事を押しつけている状況である。現場の監理は、主担当者を決めずに3人が協力して業務にあたるので、手を抜く職員がいると他職員の負担が大きくなってしまう。リーダーであるD主事は何度かB主事に注意を与えていたが、B主事の行動にほとんど改善がみられないため、A係長にどうしたらよいか相談をしてきた。A係長はこのような状況において、どのような対応をとればよいか。

A

❶　Xチームの打合せに参加し、B主事に対して、公務員としての責任を果たすように直接指導する。

❷　Xチームについては、責任者がはっきりするように、現場ごとに主担当者を決めることにする。

❸　B主事と膝を交えて話す機会を作り、このまま仕事を押しつけているようなら分限処分もあり得ると注意する。

❹　D主事に対して、B主事には何を言っても無駄であるから、何とか2人で頑張ってくれるようにお願いする。

❺　E所長にB主事の勤務状況を報告し、一刻も早く異動させて、新たな人材を確保するように申し入れる。

解　説

　チームで仕事を行う場合、個人が与えられた職務を全うすることが前提である。そのうえで、1人ではどうしようもない部分をチーム全体で取組んでいければ、より大きな成果をあげられる。逆にチーム内に手を抜く職員がいると、同僚等にしわ寄せが来てしまう。その場合、1人ひとりに目にみえる形で仕事を割り振ることで責任を明確にし、事業が停滞していれば、誰が原因かすぐに分かるようにする。

　事例のように、チームが複数の現場を持ち、それぞれ責任者を決めていない場合、全員が頑張れば問題ないが、B主事のような職員がいると、他の職員にしわ寄せが行く。自分がやらなくてはいけない仕事を、はっきりと目の前にみせることで、手を抜くことができない状況を作ることが大切である。B主事のような職員は、A係長がいくら口頭で指導してもなかなか改善しない場合が多い。

❶　誤り。A係長が打合せに参加して指導しても、定年が見えたB主事にはあまり効果が期待できない。

❷　妥当である。B主事の責任範囲を明確にし、逃げ場をなくし、手を抜かせない状況を作ることが重要である。

❸　誤り。膝詰めで注意して、その場での反発はなくとも、ほとぼりが冷めると再び手を抜く可能性が高い。

❹　誤り。2人の頑張りに甘えるようになっては、係長としては失格である。

❺　誤り。このタイミングでE所長にB主事の異動を申し入れても、E所長も受入れ先を見つけることは困難であろう。

【正解　❷】

年度途中に業務を追加された部下

Q

A係長が所属する福祉課高齢者福祉係では、年度当初に事業の年間スケジュールと業務量を共有したうえで、業務ごとに主担当と副担当を決めている。年度途中に生じる新たな業務はその都度、係長が課長と相談して、新たな担当者を決めていた。

6月の定例会での議会質疑をきっかけとして、年度途中ではあるが、高齢者福祉係で、「一人暮らし高齢者見守り事業」を急きょ実施することになった。A係長は係員の担当業務の繁閑を勘案し、係内でもベテランの部類に入るB主任を主担当に決め、課長の了解もとった。しかしながら、B主任からは、仕事が多すぎて、とても担当することはできないとの申入れがあった。A係長からみるとB主任の現状は他の係員より余裕があるのだが、本人の感覚とはギャップがあるようである。このような状況で、A係長はどのような対応をとるべきか。

A

❶ B主任からの申入れを受けて、代わりになる職員を早急に見つけ、新たな候補者に打診する。

❷ 上司の命令には従ってもらう義務があるとして、B主任に担当となることを承諾させる。

❸ 係全体の業務量とその分担状況を示す客観的なデータを改めて示し、B主任に納得してもらう。

❹ B主任の言い分を課長に伝え、今後どのように対応するべきか指示を受ける。

❺ 緊急係会を開催し、係員の業務状況を報告し合い、誰が新たに担当になるべきか、議論のうえ決定する。

解 説

　係の業務分担を決めることは、係長にとって最も大切な仕事の1つだが、必ずしも全員が決められた分担に納得しているわけではない。年度途中で追加の業務を担当させる場合、受ける職員にとって、負担が増えるだけでなく、自ら描いていた仕事のペースが変わることになり、反発したくなるのは無理もないことである。係長は、反発があることを前提に、本人に受け入れてもらえる説得材料を準備しておく必要がある。

　事例のようなB主任の申入れは、十分予想できる。それに対して、A係長は、しっかりと客観的なデータを使って説明し、納得してもらう必要がある。「暇そうにしているように見える」とか「何となくうまくやってくれそうな気がする」といった感覚的な理由では、納得してもらうことは難しい。業務分担を決めることは非常にデリケートな事柄なので、係員全体で話し合うことは避ける方が賢明である。

- ❶　誤り。B主任からの申入れを受けて、すぐに代わりを探すようでは、最初の案は何だったのかということになる。
- ❷　誤り。単に上司の命令だと言っても反発を強めるだけで、仮に担当になったとしても十分な成果は期待できない。
- ❸　妥当である。係全体の業務量とその分担状況を示す客観的なデータを示し、B主任に納得してもらうように粘り強く説得する。
- ❹　誤り。B主任の言い分をすぐに課長に伝え指示を仰ぐようでは、係長としては失格である。
- ❺　誤り。業務分担は、話合いで決めるものではなく、それなりの立場にある者が決めたものを係員に示すべきである。

【正解　❸】

ミスが多いのに同僚の仕事を手伝う部下

Q

A係長は、港湾課振興係に着任して3年目である。振興係には、この4月から新たに、若手のB主事とC主事が配属されている。2人にとって、専門知識が必要な港湾関係の仕事は初めてだが、やる気は十分あり、早く仕事を覚えようと必死に頑張っている。

2人が着任して3か月が経過したが、C主事はなかなか仕事になじめず、書類作成に時間がかかり連日残業続きであった。C主事より仕事に慣れるのが少し早かったB主事は、時間外を使ってC主事の仕事を手伝うようになった。周りの同僚は、仲間を助けるB主事の姿を微笑ましく見守っている。ただ、経験が浅いB主事は自分の担当する仕事にミスが多いことも事実である。このような状況にA係長はどのように対応するべきか。

A

❶ 係員の前で仲間を助けるB主事の姿勢を褒め、係全体で協力していく雰囲気を高めていく。

❷ B主事が手伝いを続けられるように、B主事の仕事を他の係員がフォローしていく体制を構築する。

❸ 2人が協力して仕事を進めることは望ましい姿なので、B主事のミスには目をつぶり、しばらく様子をみる。

❹ B主事に対して、手伝いを控え、まずは自分の仕事に全力を尽くすように指導する。

❺ C主事の業務の一部を、B主事の担当とし、手伝いとしてではなく本来業務として仕事にあたらせる。

解　説

　仲間同士が助け合って仕事をし、それぞれ補完し合いながら大きな成果をあげていくことは、組織にとって理想的な姿かもしれない。しかしながら、職務経験の乏しい若手職員が、一人前になっていない段階で同僚の仕事を手伝うことは、職員育成の面からは避けるべきである。手伝っている職員にとって、自らの仕事も、手伝っている仕事も中途半端なものになってしまい、結果として一定期間中に習得しなければならないスキル等が身につかない恐れがある。係長は、職員の現状レベルを把握し、それに見合った業務を与え、成長を後押ししていくべきである。

　事例では、B主事は同僚の手伝いをしているが、本来そのような余裕はなく、ミスを犯さないように自らの仕事に全力を注ぐべきである。2人が協力して仕事を行うことは悪いことではないが、A係長は、B主事に対して習熟度に応じた仕事のやり方を指示するべきである。また、C主事が仕事に追いついていけないようであれば、B主事ではなく、ベテラン職員をチューターとするなど、フォロー態勢を組むことも重要である。

・・

❶　誤り。係全体で協力していくことは重要だが、ミスの多いB主事の行動をあえて褒めることはない。

❷　誤り。B主事、C主事については時間がかかっても、まずは自らの力で業務を遂行していくことが重要である。

❸　誤り。協力して仕事を進めることは悪いことではないが、B主事の仕事への習熟度を高めていく方が先である。

❹　妥当である。B主事を早く一人前にするためには、自らの仕事に全力を尽くすように指導するべきである。

❺　誤り。B主事の業務量は現状で適切なレベルであり、C主事には、必要ならベテラン職員に独り立ちをサポートさせる。

【正解　❹】

設問 42 他の係の仕事まで引き受ける部下

Q

　Aは、土木課管理係長として、3年目になる。管理係は課の庶務担当で、課内の予算、人事、服務等を所管している。予算要求の時期や突発的な事故がなければ、基本的には時間外まで勤務することは稀で、定時に退庁できることが多い。

　A係長のもとに、係員の退庁時間の一覧が回ってきたが、B主事だけ突出して、退庁時間が遅かった。事故は起きておらず予算要求の時期はまだ先なので係の本来業務のためとは考えられない。A係長が原因を探ると、B主事のまじめで責任感が強い性格に起因しているようであり、本来は他の係が作成するべき資料でも、依頼があると、庶務担当としての責任感から代わりに用意していることが分かった。これらは、B主事の業務分担ではないことから、自主的な残業となる。A係長は、どのような対応をとるべきか。

A

❶　B主事が行っている資料作成について、管理係全体で分担して対応できるように、係の業務分担を見直す。

❷　自主的に残業しているので特段問題視せず、B主事にはあまり無理しないようにとアドバイスする。

❸　B主事にどのような指導、対応をとるべきか課長に相談して、指示されたとおりに対応する。

❹　B主事に仕事を要請している他の係に対して、これ以上の協力はできないと、A係長自ら断りを入れる。

❺　B主事に対して自らの本来業務と手伝い業務の仕分けをさせ、本当に必要な業務だけを残すように指導する。

解説

　課の庶務担当係は、他の係に頼りにされ、場合によっては本来業務ではない仕事も依頼されることがある。庶務担当係が必要に応じて他の係の補完機能を担うことは、課全体としてはプラスになる場合も多い。但し、それは過度の負担がない場合であって、依頼を受けて行う業務が多すぎると、本来業務にも支障が出かねない。本人の意思で勤務時間外に行われていたとしても、負担が重過ぎるようならば、改善させなければならない。

　事例にある庶務担当係としてのB主事の行動は、他の係にとってはありがたいものであり、大いに感謝されているはずである。しかし、B主事に過度の負担を強いる状態が続いていけば、B主事の体調面もふくめ重大な事態を招く可能性がある。A係長は、大きな問題が起こる前に、業務配分に適切なアドバイスを与えるべきである。

・・

❶　誤り。本来的には、他の係で作成するべき資料なので、管理係全体で分担してまで対応するものではない。

❷　誤り。自主的な残業と言っても、過度の負担はB主事の体調に悪影響を及ぼす恐れがある。

❸　誤り。はじめから課長に相談して、言われたとおりに対応していたのでは、係長の存在意義が問われる。

❹　誤り。依頼を受けたB主事本人から、仕事を要請している他の係に対して、これ以上の協力はできないと、断りを入れさせるべきである。

❺　妥当である。本来業務と手伝い業務の仕分けをさせ、本当に必要な業務を行うように指導するべきである。なお、仕分けの仕方、他係の職員への断り方など、A係長は適宜必要な支援をしていく。

【正解　❺】

何でも周囲に聞いてしまう部下

Q

　Aが係長を務める防災課住民避難係では、行政改革の流れの中で、ピーク時よりも概ね2割少ない人数で業務をこなしており、若手職員の早期育成が課題となっている。

　先日、A係長は、これまで市では未作成だった津波災害時住民避難計画について、そろそろ作成しておいた方がよいと考え、B主事にたたき台を考えるように指示した。B主事は新人として係に配属され1年になるが、分からないことはすぐに周囲に聞いて仕事を進めてきた。

　数日後、B主事から「周りの先輩に聞いたが、前例がなくアドバイスできないと言われてしまった。自分はやり方が分からないので、たたき台を作ることはできない。誰かほかの人に代わってもらいたい」との申し出があった。このような状況に、A係長はどのように対応するべきか。

A

❶　B主事に対して、たたき台ではなく、全国の自治体の関連する避難計画を収集し、提出するように指示する。

❷　B主事に対して、A係長が全面的にバックアップすることを条件に、たたき台作りが継続できないか打診する。

❸　B主事を除いた係員のうちで希望者を募ってプロジェクトチーム（PT）を結成し、たたき台の作成に取組む。

❹　B主事の申し出を受け入れ、たたき台の作成担当者を係内のベテラン職員に変更する。

❺　B主事に対して、ここで諦めるのではなく、自ら考え、調査しながらたたき台作りを継続するように指示する。

　若手職員の育成は、専門研修の受講と職場でのOJTが二本柱となる。OJTでは、業務に関して何でも手取り足取り教えてしまうと、自ら学んでいく姿勢が身につかない。職員数が減り、職場に余裕がなくなっている現状では、若手職員でもそれなりのスピード感を持って仕事を進めてもらう必要がある。そのため、周囲は業務が滞っていないか目配せし、疑問、質問にも丁寧に答えていることが多い。しかし、分からないことを、上司や先輩に質問して、教えられたとおりに仕事を進めていくだけでは前例踏襲の発想から抜け出せない。係長は、忙しい中でも、新しい課題を若手職員に与えて、その解決策を自ら考えさせる必要がある。

　事例において、A係長がB主事に作成を指示した「たたき台」は、「そろそろ作成していた方がいい」程度の切迫度であり、ある程度余裕のある業務である。これまで、自ら考えながら仕事を行うことが少なかったB主事が一皮むけるチャンスと言える。できないからすぐに担当を他の職員へ変更したり、PTで作成しては、せっかくの育成の機会を逃すことになる。たたき台作成を機にB主事には大きく成長してもらいたいところである。

❶　誤り。資料の収集等だけでは、体系的な仕事の進め方を学ぶことが難しいので、たたき台全体の作成が望ましい。

❷　誤り。A係長がバックアップすることは必要かもしれないが、それを条件として、本人に継続を打診するのは好ましくない。

❸　誤り。住民避難計画の完成が、組織にとって差し迫った課題で時間的な余裕がなければ、PTで作成するべき場合もあるが、本問ではそのような状況にはない。

❹　誤り。職員育成の観点から一度指示した仕事を簡単に他の職員に変更するべきではない。

❺　妥当である。依頼された仕事をやり遂げる大切さと自立的な仕事の進め方を学ぶ機会とし、継続するように指示する。

【正解　❺】

理想論を語る部下

Q

　A係長が所属する下水道課管理係は、課の庶務担当係として、課の予算や契約事務を所管している。財政課から異動してきたB主事は、下水道事業は初めてだが、非常に勉強熱心で、着任後1か月で事業の概要を概ね理解してしまった。

　先日、下水道施設整備の今後の進め方を検討する課内会議があり、A係長はB主事と参加した。所管の施設整備係からは、地元業者も工事を請け負うことが可能な発注ペースで管路整備を進めたいとの発言があった。それに対して、B主事は、早期完成を目指し、地元業者へ配慮することなく、1日も早いスケジュールで行うべきだと主張した。A係長はその場では特にコメントしなかったが、両者ともに主張を変えなかったために、日を改めてもう一度打合せを行うことになった。次回の打合せに向けA係長は、どのような対応をとるべきか。

A

❶　施設整備係に、地元業者への配慮よりも原理原則を貫くことの大切さを理解させる。

❷　課長に対して、B主事と施設整備係の主張を報告し、次回の打合せへの出席をお願いする。

❸　B主事に、次回打合せの際に施設整備係を説得できる資料をしっかりと準備するように指示する。

❹　B主事に、理想や原理原則だけでは事業を円滑に進めることが難しいことを理解させる。

❺　管路整備は施設整備係の所管事業なので、意向に従うことを同係に内々に約束する。

解 説

　公務員が、法令や条例、規則に基づいて事務を執行するのは当然だが、事業を進めるにあたっては、現場の実情に合わせ、その範囲の中で柔軟な対応が求められる場面も多い。そのあたりの判断は難しいが、係長としては原理原則をやみくもに貫くのではなく、事業が円滑に進む最善の道を探っていくべきである。優秀な若手職員の中には、理想や原理原則を主張し、そこから外れることを受け入れない者もいるが、現場の実情に応じた柔軟さを身につけさせていく必要がある。係長は他部署との打合せ等を利用しながら、若手職員を育てていく役割も求められている。

　事例において、B主事と施設整備係の主張はすれ違っているが、現実的には正論ばかりで事業が進むのは稀であり、後者の主張に沿って進めていくのが妥当である。B主事は優秀ではあるが、実務経験は浅いので、実際に事業を円滑に進めていくために必要なことは、これから身につけていかなくてはならない。A係長は、OJTの一環として他の係との打合せの場を活用し、B主事の育成を図っていくべきである。

❶　誤り。原理原則だけでは、現実的な対応を主張する施設整備係を説得するのは困難である。

❷　誤り。課長に報告するならば、両者の主張を報告し、A係長の考えを伝えたうえで、出席の有無も含め判断を求めるべきである。

❸　誤り。B主事には、原理原則を貫くのではなく、業界の慣習について実務を通じて教えていくことが必要である。

❹　妥当である。B主事に対し、施設整備係の主張内容の妥当性を説明し、十分納得させる。

❺　誤り。施設整備係の主張に沿って計画の方針を決めていくのであれば、あえて事前に約束する必要はない。

【正解　❹】

パワハラに近い対応をとる部下

Q

　A係長が属する人材開発課研修係は、主任をリーダーに、4人で1つのチームをつくっている。研修対象者別に幹部研修、中堅研修、新採研修の3チームがあり、A係長は、それらを統括している。幹部研修チームのリーダーであるB主任は、責任感が強く、自ら担当するプログラムはもちろん、他の職員が担当するプログラムにも注意を払い、気がついたことを積極的にアドバイスしている。

　先日、C主事が担当するプログラムに関して、研修生の到達度の設定や受講後のフォローが不十分だと感じたB主任は、係員がいる前で、「プログラム全体の見直しを早急に行うように。このままだと、チームから出て行ってもらうぞ」と厳しく注意を与えた。指導されたC主事はひどく落ち込んだ様子だったが、B主任は気づいていないようだった。A係長は、B主任にどのような対応をとるべきか。

A

❶　厳しい指導が続きC主事がメンタルヘルスに支障を来すことがないように、リーダーを交代させる。

❷　C主事自身にプログラムの不備に気づかせるため、しばらく指導を控えるようにアドバイスする。

❸　注意は、相手の受け止め方に十分気を配ったうえで行うように指導する。

❹　C主事への指導は係長である自分に任せ、担当するプログラムの成功に全力をあげるように指示する。

❺　若手をしっかりと指導できる職員が減っている中、よくやっていると激励する。

解 説

　責任感が強く仕事のできる職員は、熱心さのあまり部下や同僚に対して厳しく接してしまうことがある。指導自体は、業務を適正に進めていくためには必要な場合も多い。しかし、本人は、よかれと考えて注意をしても、相手が、単に怒られている、威嚇されていると感じてしまっては、指導ではなくいわゆるパワハラになってしまう場合もあることに注意が必要である。パワハラは、注意している本人には自覚がない場合が多いので、係長は注意を受けた職員の様子にも気を配りながら、行きすぎていると感じた場合は、改善させなければならない。

　事例では、B主任からの指導でC主事は落ち込んでおり、注意が逆効果だった可能性が高い。場合によってはメンタルヘルスの問題にまで進んでしまうかもしれない。B主任の注意は、C主事に意地悪をしているわけではなく、業務の改善を目指しているものなので、言い方やタイミングが適切であれば望ましい対応である。問題は、そのやり方にあるので、相手の成長を期待し、相手の気持ちを思いやる姿勢を忘れずに指導していくようにアドバイスするべきである。

❶　誤り。注意の仕方が厳しすぎることは注意するべきだが、リーダーを交代させる必要はない。

❷　誤り。B主任の指導自体は、望ましいことなので、やり方に注意したうえで、継続してもらって構わない。

❸　妥当である。指導は、他の係員がいる前で行うことは避けるとともに、相手の気持ちにも配慮するようにアドバイスする。

❹　誤り。A係長が直接指導してしまっては、B主任のモチベーションが下がってしまうので避けるべきである。

❺　誤り。B主任の指導方法は不適切なので、パワハラ的な指導を修正するように指導する必要がある。

【正解　❸】

仕事熱心だが情報管理への認識が甘い部下

Q

　A係長が在籍する保健課健康増進係は、高齢住民向けに健康維持事業を行っている。住民の健康状況を把握する中で個人情報に接する機会も多く、その管理は慎重に行うように係員を指導してきた。しかしながら、市役所では個人情報取扱規程が策定されてはいない。

　B主事は、数多くのイベントを担当しており、恒常的に忙しく残業も多い。イベントの準備が佳境に入る中、C主事からA係長に、「B主事は個人情報を含むデータを持ち帰って仕事をしているようだ」との報告があった。A係長がB主事に確認すると「イベントが近づいたので、過去の参加者名簿をUSBメモリにコピーして自宅に持ち帰り、資料を作っている。情報の管理には注意している」とのことであった。現時点では個人情報が外部に漏れてはいない。A係長は、どのような対応をとるべきか。

A

❶　B主事に、自宅での作業を止めさせたうえで、今後別の仕事も含め個人情報を持ち帰ることはしないと約束させる。

❷　個人情報の外部持出しの禁止を係としても改めて徹底するとともに、個人情報取扱規程の策定を早急に検討する。

❸　イベント成功のためB主事の自宅作業を認め、個人情報の漏えいには引き続き十分気をつけるようにアドバイスする。

❹　課長に対して、B主事が個人情報を持ち出している事実を報告し、事故が起こる前に異動させるように進言する。

❺　B主事を現在の業務から外し、今後の対応について服務を監察する部署と協議する。

解 説

　仕事熱心な職員ほど、業務に遅れを生じさせないため、自宅に仕事を持ち帰って行うケースが見受けられる。その際に個人情報の詰まった資料を帰宅途中の電車内で置き忘れたり、紛失したりする事故がしばしば起こる。情報管理の徹底のために各職員への注意喚起だけではなく、私物のUSBメモリの持込みや使用の制限、個人情報の外部持出しの禁止等を盛り込んだ規程を定めるべきである。規程がなく、個人の規範意識に任せているだけでは、個人情報の漏えいの防止に十分な対応をとっているとは言えない。

　事例では、B主事は熱心に仕事に取組み、やむを得ず個人情報を自宅に持ち帰っている。持出しは情報漏えいにつながる恐れもあり、望ましくないが、B主事は、個人情報の取扱いには注意しているつもりなので、悪いことをしているという自覚はない。個人情報の外部持出し等を禁止する規程がなければ、今後も同様の事態が生じる可能性が高い。規程を早急に策定し、係員に対して、個人情報管理の重要性を改めて説明し、その際には今後違反すれば服務違反に問われることも申し添えておくべきである。

❶　誤り。B主事への注意だけで終わらせるのではなく、規程を策定することにより組織として情報管理を徹底するべきである。

❷　妥当である。係員が仕事熱心のあまり誤った行動をとらないように、規程で禁止行為を明示するべきである。

❸　誤り。目先のイベントの成功を目指すあまり、適切な対応を怠れば、重大な結果を招きかねない。

❹　誤り。B主事をイベント担当から外しても、問題の解決にはつながらない。

❺　誤り。行為自体は望ましくはないが、服務違反を犯したわけではないので、今回は監察する部署へ報告する必要はない。

【正解　❷】

通勤手当を不正に受けとっている部下

Q

　Aが管理係長を務める市立図書館は、閑静な住宅地の中にあり、鉄道駅はもちろんバス停からも遠い。職員には自転車通勤も認められているが、その場合通勤手当は支給されない。

　A係長は、部下との雑談の中で、B主事が自転車通勤をしている話を耳にした。A係長は、B主事がバスに乗っているところを見かけたこともあったので、庶務担当に確認したところ、通勤手段は「バス」で届けられていた。届出に基づき、B主事には毎月通勤手当が支給されている。B主事に真偽を確かめると、「バスだと遠回りで時間もかかるので、普段は自転車通勤をしている。雨の日などに使うこともあるので、保険の意味もあって通勤届はバスにしてある。何か問題があるのでしょうか」との答えが返ってきた。A係長はこの場合、どのような対応をとるべきか。

A

❶　管理係長として自らの責任で対処することが望ましいので、館長には伝えず、B主事に自転車に変更した通勤届を提出させる。

❷　通勤手当の返還、届出の変更等の必要処理を迅速に済ませたうえで、館長には通勤届の記載ミスとして報告する。

❸　通勤手当の不正受給となる可能性が高いので、速やかに館長と相談のうえ、本庁の服務担当課に報告し、指示を待つ。

❹　これまで受給した通勤手当は、税金の詐取とも言えるので警察に被害届を提出したうえで、警察にB主事を取り調べてもらう。

❺　B主事に悪意はなく、事故が起こったわけでもないので、B主事に今後はバスで通勤するように伝える。

解　説

　通勤は通勤届に記載した手段で行うのが当然である。特に、通勤手当が支給される場合は、経済合理性に従い正確な届出を行い、そのとおりに通勤しなければならない。不正受給等、服務上の事故が発生した場合、事実を知った時点で、速やかに適切な対応をとることが重要である。見て見ぬふりをしたり、隠ぺいを図ったりすることは、決してあってはならない。隠ぺい工作等は、必ず発覚し、より重大な結果を招き、その結果、市政に対する市民の信用を失うことになってしまう。

　事例では、支払っていない交通費を通勤手当として受け取っており、不正受給と判断される可能性が高い。管理監督職にある係長としては、速やかに上司に報告のうえ、服務担当部署に報告し、指示を仰ぐべきである。本人に悪意がなく、表面化していない場合であっても、事実を認識した時点で、しかるべき対応をとらなくてはならない。

❶　誤り。管理係長としては、上司に事実関係を報告し指示を受けるべきであり、隠ぺい工作を図るようなことがあってはならない。

❷　誤り。服務違反の可能性があるので、上司に速やかに報告し、内部処理で終わらせるのではなく、服務担当課への報告が必要である。

❸　妥当である。速やかに上司に報告のうえ、服務担当課に報告し、指示を待つべきである。

❹　誤り。まずは、組織内の規定に基づいて対応し、必要があれば警察に通報するのが妥当な順番である。

❺　誤り。悪意の有無に関係なく、届出と異なる通勤をし、手当てを受給しているので、服務担当課に報告し判断を仰ぐべきである。

【正解　❸】

労働組合に情報を流した可能性がある部下

Q

　A係長は、水道局給水課配水センター長として、この4月に着任した。

　今年度、配水センターでは業務の効率化を図るため、プロジェクトチーム（PT）をつくり勤務シフト見直しの検討を始めた。PTでの3回目の打合せが終了した時点で労働組合の書記からA係長に、PTに組合幹部を加えるように申入れがあった。PTは組合協議を始める以前の内部検討のためのものであり、その設置について組合側には伝えておらず、PTメンバーの誰かが組合側に情報を漏らしたものと思われる。PTメンバーのうち、B主任は、組合活動に熱心で、これまでも業務上知り得た情報を組合に流しているとの噂が立ったことがある。A係長がB主任に事実かどうか確認したところ、情報漏えいを匂わせる発言はあったが、明確に認めることはなかった。A係長は、どのような対応をとるべきか。

A

❶　組合からの要求は拒みつつ、B主任については、PTメンバーから外れてもらう。

❷　組合の要求を受け入れたうえで、B主任に対しては、PTメンバーとしての守秘義務を認識させる。

❸　B主任の行動を服務担当部署へ報告し、懲戒処分になるように申入れを行う。

❹　課長に組合要求の受入れの判断を仰ぐとともに、B主任のセンター以外の部署への異動をお願いする。

❺　組合に対して情報の入手ルートを明らかにすることを条件に、組合幹部のPT参加を認める。

一般的に公営企業は組合活動が盛んであり、対応を間違えると事業に著しい影響を与えることもあるため、組合との対立を避ける傾向がある。しかし、組合に気を使いすぎて、事業運営に馴れ合いが生じるようになると、住民にとってマイナスの結果が生じかねない。組合とは、適切な距離感が大切である。公営企業職員の組合活動は労働者としての権利であり、不当に制限することはできないが、情報漏えい等のルールに反するような行為があった場合は、厳正に対処していく必要がある。

事例の場合では、組合活動に熱心なB主任が、PTに係る情報を組合に流している可能性は高い。しかし、確証がない中で、犯人と決めつけた対応は反発を招くので、慎重に対応し、裏付けがとれない場合は、正面からB主任の責任を問うことはできない。ただし、二度と情報が漏れないように、漏えいが疑われるB主任は何らかの理由をつけてPTメンバーから外すのが妥当である。また、漏れた情報に基づいて行われた組合要求は、毅然と拒絶することが必要である。

❶ 妥当である。B主任は、PTメンバーとして不適格なので、メンバーから外す。

❷ 誤り。非正規のルートで入手した情報に基づき行われた組合要求は、受け入れるべきではない。

❸ 誤り。B主任の行動は服務違反の可能性もあるが、確証がない段階では服務担当部署への報告は控えるべきである。

❹ 誤り。課長に判断を求める場合もあるが、A係長は、センター長として自ら解決策を示すべきである。

❺ 誤り。組合に交換条件を出して、組合要求を受け入れることは、今後の関係を考えると望ましくない対応である。

【正解 ❶】

心の病を発症した部下

Q

　Aは、主に庁内LANの管理や改善を行うシステム開発課システム改善係の係長である。システム改善担当のB主任は、仕事を黙々とこなすタイプで、庁内からの評価も高かった。

　しかし、B主任は、着任後6か月が経過した頃から、業務上のミスが続き、仕事上の焦りや不安感を訴えるようにもなった。A係長は、B主任が仕事に慣れて気が緩んだ面があり、また業務の奥深さに気づいたのだろうと考え、特段の対応はとらなかった。

　年度が替わり、新たに配属された2人との初顔合わせ後、B主任はA係長に、「新しい人たちとこれからやっていける自信がなく、異動させてほしい。最近はよく眠れないし、何もかも嫌になって、すべてを終わらせたい衝動に駆られる」と自殺をほのめかすような訴えをしてきた。このような状況で、A係長はどのような対応をとるべきか。

A

❶　B主任は最近気が緩んでいる様子もあることから、もう一度初心に帰って頑張るように激励する。

❷　B主任の訴えを受け入れ、年度の初めではあるが新しい職場に異動させるように課長に進言する。

❸　B主任は疲れがたまって冷静な判断ができないようなので、2、3日休暇を取得させる。

❹　B主任を異動させることは難しいので、新たな2人と一緒にならないように係員の業務分担を工夫する。

❺　B主任は心の病になっている可能性があることから、まずは産業医を受診するように勧める。

　職員が頻繁にミスをしたり、これまでと違う行動をとるようになった場合は、汚職等の非行やうつ病など心の病の発症を疑う必要がある。心の病は、発症までに様々な兆候がみられる場合も多く、それを見逃さないように職員の日々の勤務態度に注意を払うことは係長の役割である。心の病を発症した疑いがある場合には、少しでも早く産業医を受診させるべきである。心の病は、周囲から偏見の目でみられてしまう可能性もあるので、休暇のとらせ方や復帰のさせ方なども考え、慎重に進めていく。

　事例のように、もともと仕事熱心でまじめなタイプは、ぎりぎりまで自分を追い込んでしまいがちである。残念ながらA係長は、6か月前の異変を心の病の兆候ととらえることができなかったが、今回のB主任の言動からは、ほぼ間違いなく心の病を発症してしまったと考えるべきである。この状況では速やかに産業医の受診を勧め、場合によっては休職させる必要も出てくるかもしれない。実際の対応は、本人や家族の意向を優先するべきだが、本人は通常の判断ができなくなっている場合もあるので、産業医とも相談のうえ、慎重に進めていく必要がある。

❶　誤り。B主任の性格等を考えると、心の病を発症している可能性が高いので、このタイミングでの激励は逆効果である。

❷　誤り。年度の初めでの異動は現実的ではなく、B主任への支援に注力するべきである。

❸　誤り。しばらく休暇をとるように勧めることは有効であるが、それにとどまらず産業医の受診を勧めるべきである。

❹　誤り。B主任は心の病の可能性が高いので、係員の業務分担を工夫したところで解決にはつながらない。

❺　妥当である。心の病になっている可能性が高いので、1日でも早く産業医を受診させる。

【正解　❺】

設問 50 セクハラを起こした部下

Q

　A係長は、児童相談所相談係に所属している。相談係では、6人で1つのチームをつくり、3チーム、総勢18人の相談員が在籍している。チーム内でペアを組んで相談を受けているが、それぞれの相談員が責任感を持って、誠実に対応しているので、住民からの評判は上々である。

　ある日、A係長は、B主事から「C主任からセクハラを受けている」という相談を受けた。具体的には、住民からの相談を受けた後2人で打合せをする際に、セクハラ発言が続いて非常に不快な思いをしているとのことであった。C主任に確認してみると、「2人で打合せをするときに軽い冗談を言うことはあるが、セクハラのつもりはなく、B主事も話を聞いて笑っている」とのことであった。このような状況で、A係長はどのような対応をとったらよいか。

A

❶　事実関係を所長に報告し、C主任に対する厳しい指導をお願いするとともに、本庁の服務担当課にも報告する。

❷　B主事に対して、C主任は冗談のつもりで話しているだけなので、寛容な気持ちで気にせず、これまでどおり仕事をするよう指導する。

❸　C主任への注意を全員が集まる係会の場で行い、C主任に反省を促すとともに、他の係員への注意喚起の題材として役立てる。

❹　C主任に対し、セクハラの考え方の指導を行い、厳重注意するとともに、チーム内でペアを見直し、2人を別のペアにする。

❺　C主任を厳重注意したうえで、ペアの解消はもちろん、2人が別のチームになるように、係内のチームメンバーの大幅入替えを行う。

解 説

　表面的には問題がないようにみえる組織であっても、個別の職員間では様々なトラブルが生じている場合もあるので、係内の人間関係には常に注意を払っておく必要がある。セクハラについて相談があった場合は、当事者に事実関係の確認をしたうえで、二度とそのようことが起こらないよう適切に対応しなければならない。ただし、過度に反応しすぎると、かえって問題を大きくし、組織運営に支障を来す場合もあるので注意が必要である。

　事例については、C主任に対し、相手に不快な思いをさせる言動がセクハラ行為であることを指導したうえで、今後はこのようなことがないように厳重注意する。その際、これを受けての嫌がらせなどの報復措置をとらないよう釘をさしておくことも重要である。そのうえで、今後はB主事とC主任がそれぞれ別の係員と組んで相談業務が行えるようにペアを見直す。チーム構成の変更等の大掛かりな組織替えは、かえって職場を混乱させることになりかねないので、見送るべきである。

❶　誤り。所長に報告するのはよいが、指導は監督職である係長でも十分な場合も多い。今回のレベルで服務担当課への報告は不要である。

❷　誤り。B主事に我慢を強いるのは誤りであり、C主任にセクハラ行為を止めさせるとともに、ペアを替える等の対応をとるべきである。

❸　誤り。セクハラ事例の勉強会は実施するべきだが、当事者への配慮も重要であり、全員の前でC主任に注意を与えるべきではない。

❹　妥当である。C主任を指導のうえ厳重に注意し、チーム内でペアの見直しを行い、2人を別のペアにする。

❺　誤り。年度途中の大掛かりな組織替えは、かえって職場を混乱させて業務に支障が出かねないことから、避けるべきである。

【正解　❹】

上司との日常的なコミュニケーションが重要

　勤務時間外に至急処理を要する案件に出くわした。速やかに処理していくつもりだが、上司に報告を上げないで進めることが気にかかって仕方がない。どうしたらよいだろうか。

　どのレベルから上司に上げるか、あるいは、上げないか。このレベルは、実は、上司との日常的な関係、すなわち、日常的なコミュニケーションの濃密度合いに大きく依存している。

　上司に報告を上げないことを正当化する理由は、色々ある。「以前これと似た事案を報告したとき『その程度のことをいちいち報告するな』と叱責された」「他の類似事例を横引きすれば処理は十分に可能」「今日は休日（もう夜遅い時間）」「既にニュースで流れているし、上司は知っているに違いない」など、優秀な職員ほど、多くの理由を思いつく。

　しかし、最も重視すべきことは、案件処理の結果が地域住民の利益に資していることである。地域住民の不利益につながるような誤った判断をしないために、また、万が一誤ってしまった場合でも速やかにリカバリーできるように、迷ったときは上司に報告し、相談して決めていくことが望ましい。いついかなるときでも上司に報告できる関係を作っておくために、日常的なコミュニケーションを。

4章

係長と議会・住民・マスコミ

係長を会食に誘う議員

Q

　Aは、市内の飲食店の営業許可を所管しているH課の管理係長である。ある日、A係長のもとにB氏が訪れ、レストランの営業許可を申請してきたが、基準を満たしていないため許可は困難である旨を伝えた。その翌日、市議会与党のC議員から電話が入り、「Aさん、お久しぶりですね。以前、委員会の質疑でお世話なったお礼として、来週金曜日の夜、一席設けたいがどうだろうか」と誘ってきた。A係長は、断るとC議員との関係が損なわれると考え、受ける旨を答えた。翌日、A係長は上司のD課長に呼ばれ、「B氏からの申請だが、B氏はC議員の支援者だから許可を断るときは丁寧に対応してほしい」と言われ、B氏とC議員との関係を初めて知った。この場合、A係長の対応として最も妥当なものは、次のうちどれか。

A

❶　宴席の場で、B氏の申請は許可できない旨をC議員に説明するため、詳細な資料を準備しておく。

❷　B氏とC議員の親密な関係を踏まえ、直ちにB氏に連絡をとって、許可を出せない理由を改めて詳細に説明する。

❸　あらかじめC議員に連絡をして、B氏の申請が許可できない理由を詳しく説明したうえで、宴席に出席する。

❹　D課長に状況を詳しく説明したうえ、C議員に対しては、宴席には出席できなくなった旨を伝える。

❺　D課長に状況を詳しく説明し、D課長からC議員に連絡を入れてもらい、宴席を断る。

　自治体において、長と議会は独立対等の関係であり、相互の抑制と調和によって地方自治を運営することとなっている。したがって、長の部下である職員も、このような関係を踏まえて議員と接触しなければならない。

　また、近年、公務員に対する住民の視線は、かつてないほど厳しくなっており、各自治体においても、職員が遵守するべき倫理規定を定めている団体が多い。倫理規定においては、許認可や契約の相手方である利害関係者との飲食は、たとえ割り勘であっても禁止されていることが多い。

　事例についてみると、A係長はC議員から宴席に誘われているが、上記のように、長と議会は一定の緊張関係のもとに地方自治を推進していくことから、個人的な友人といった関係でもない限り、宴席をともにすることは不適切である。また、A係長にとって、B氏は明らかに利害関係者である。A係長が宴席に赴いた場合、C議員からB氏の申請を許可するよう求められる可能性があるのみならず、その場に、B氏が同席していることも考えられる。したがって、A係長がC議員の誘いを受けたこと自体が軽率であり、B氏とC議員との関係を知った以上、D課長に状況を説明し、宴席を断る旨をC議員に連絡する必要がある。

❶　誤り。C議員と宴席をともにすることが不適切であり、また、その場にB氏が同席した場合、A係長は公務員倫理を問われかねない。

❷　誤り。B氏に丁寧に説明をすることは差し支えないが、本問では、宴席を断ることが重要である。

❸　誤り。❶と同様に宴席に出ること自体が不適切であり、また、その場にB氏が同席している可能性も排除できない。

❹　妥当である。A係長としては、自らの軽率さを反省するとともに、C議員に対して出席できない旨を丁寧に説明するべきである。

❺　誤り。宴席を受けたのはA係長の軽率さであり、その後始末をD課長に依頼するべきではない。また、C議員が、誘った相手の上司から謝絶の連絡を受けることを不快に感じる可能性もある。

【正解　❹】

Q

　Aは、市の職員課の係長であり、職員の服務を所管している。現在、市の職員であるB主任が起こした飲酒運転の事故について処分の手続が進められており、B主任の処分は懲戒免職と決定されていた。A係長は、本人への通告やプレス発表を行うべく調整を進めていた。ある日、市議会与党のC議員がA係長のもとを訪れた。C議員はかつては市の職員であり、A係長と同じ課に勤務したこともあった。C議員はA係長に対して、「B主任がどの程度の処分になるのか教えてもらいたい。B主任のお父さんから頼まれている」と言った。この場合、A係長の対応として最も妥当なものは、次のうちどれか。

A

❶　B主任を懲戒免職にすることは決まっているので、口外しないことを約束したうえでC議員に伝える。

❷　C議員に対して、守秘義務があるため処分の内容を明かすのは難しい旨を説明し、職員課長と相談のうえ回答する旨を伝える。

❸　C議員に対して、処分の内容を明かすことは守秘義務に反することを説明して依頼を断り、その後、経緯を職員課長に報告する。

❹　B主任が重い懲戒処分に付されることになるのは明らかなので、C議員に対しては、幅を持たせて「停職以上の処分」と伝える。

❺　C議員に対して、本人への通告の直前に伝える旨を約束して、その場は引き取ってもらう。

地方公務員法は、「職員は、職務上知り得た秘密を漏らしてはならない。」と定めている（34条）。「秘密」とは、一般に了知されていない事実であって、それを一般に了知させることが一定の利益の侵害になると客観的に考えられるものである（行政実例：昭和30年2月18日）。また、この規定に違反して秘密を漏らした者は、懲戒処分の対象となるだけでなく（29条）、1年以下の懲役又は50万円以下の罰金に処されることとなる（60条）。このように、地方公務員法は、職員に対して、職務上知り得た秘密を守る義務を課している。

事例についてみると、B主任を懲戒免職とすることは決定したものの、その公表には至っていない段階であるため、その処分の内容は「秘密」に該当する。したがって、A係長は、たとえ相手が市議会与党の議員であったとしても、秘密を漏らしてはならない。ただし、C議員への対応としては、市議会与党であるC議員の立場も考え、A係長からは困難である旨のみを伝えて、いったん引き取り、正式な謝絶は管理職である職員課長から行ってもらうのがよい。

❶ 誤り。B主任を懲戒免職にすることが決まっていても、それは職務上の秘密であるから、C議員に伝えることは守秘義務違反である。

❷ 妥当である。かつては同じ職場で働いていてもC氏は議員であることから、A係長は困難である旨を伝えるにとどめ、謝絶は管理職である職員課長からしてもらう方がよい。

❸ 誤り。理屈はこのとおりであるが、❷の解説のとおり、謝絶は管理職に任せるべきである。

❹ 誤り。たとえ幅を持たせても、守秘義務違反を免れることはできないので、不適切である。

❺ 誤り。B主任への通告の直前であっても、公表されるまでは秘密であるので守秘義務違反となる。

【正解　**❷**】

Q

　Aは、市の産業振興を所管するH課の管理係長であり、同課には管理係のほか事業を実施する2つの係がある。現在、管理係は予算要求作業のため、係員全員が毎日夜遅くまで残業している。ある日、A係長は、B議員に呼び出され、「市の中小企業支援制度の変遷と年度別の実績について、過去10年分を整理して1週間以内に持ってきてほしい」と依頼された。A係長は、資料を依頼する趣旨を尋ねたが、B議員からは明確な回答を得られなかった。B議員は、市議会では野党の会派に所属し、市長の政策に批判的な発言を繰り返している。また、依頼された資料は、予算要求作業で多忙な管理係では、1週間以内に作成することは困難であった。この場合、A係長の対応として最も妥当なものは、次のうちどれか。

A

❶ 　市長に批判的な議員に対して余計な情報を渡さないようにするため、多忙であることを理由に資料の提出を断る。

❷ 　管理係以外の2係の係長に協力を依頼し、1週間以内に資料を作成してB議員のもとに届ける。

❸ 　上司の課長に状況を報告し、どのような資料を誰がいつ渡すのかについて指示を仰ぐ。

❹ 　管理係の職員全員を集めて、B議員から依頼された資料を土日も出勤して1週間以内に作成するよう指示する。

❺ 　上司の課長に状況を報告し、管理係としては予算要求を優先したいので、課長からB議員へ資料提出を断ってもらうよう依頼する。

　自治体の職員が議員に接するとき必ず念頭に置かなければならないこと
は、議員は住民から直接選ばれた住民の代表であるということである。こ
れは、その議員の所属する会派が市長にとって与党であるか野党であるか
は関係ない。また、議会は、自治体の意思を決定するとともに、執行機関
を監視する機能を担っている。したがって、職員としては、議員からの資
料提出の依頼には、できるだけ協力して市政への理解を深めてもらうとい
うのが、基本的な姿勢である。

　一方、執行機関においては、予算やマンパワーなど一定の制約のもとに
業務を行っており、職員が、議員からの資料提出の依頼に無制限に応える
ことは困難である。また、個人情報などは、たとえ相手が議員であっても
渡すことはできない。これらの点について、職員は、丁寧に議員に説明し
て理解を得ながら、議員の依頼にできるだけ応えていくべきである。

　事例についてみると、B議員が依頼している資料は期限内に提出が困難
であり、その依頼の趣旨も明らかにされていない。また、B議員は市長に
対して批判的である。このような場合、議員の理解を得ながら業務を進め
ていくためには、議員にどのような資料をどのように示すのが最も適切で
あるかを課長に判断してもらい、A係長はその指示に従うべきである。

❶　誤り。たとえ野党に所属して市長に批判的であっても、議員は住民の
　代表である。単に多忙であることを理由に断ることは不適切である。

❷　誤り。課長に報告して判断を仰ぐのが先である。また、資料作成の必
　要性を説明できなければ、他の係長に引き受けてもらえない。

❸　妥当である。市長に批判的なB議員の依頼であること、依頼内容が実
　現困難であることを踏まえると、上司の管理職の判断を仰ぐべきである。

❹　誤り。係員に対して資料作成の必要性を説明できなければ納得しても
　らえず、無理に作業を指示すれば係内に不満が蓄積されることとなる。

❺　誤り。課長への報告は必要であるが、B議員への対応を課長に丸投げ
　するのはA係長としての職務放棄であり、不適切である。

【正解　❸】

Q

　Aは、市の外郭団体であるX公益財団法人に出向しており、総務課職員係長を務めている。X公益財団法人は、来年4月に職員3名を採用することとしており、本年8月に募集要項を公表し、10月に筆記と面接による試験を行う予定である。A係長はその採用事務を担当していた。7月のある日、B市議会議員からA係長に電話があった。B議員は、「私の支援者の長男が就職できずに困っている。名前はC君だ。来年4月にそちらで採用してほしい。履歴書を送るからよろしく頼む」と言って電話を切った。B議員は、X公益財団法人の最高議決機関である評議員会の構成員の1人であり、X公益財団法人に大きな影響力を持っている。この場合、A係長の対応として最も妥当なものは、次のうちどれか。

A

❶　総務課長とともにB議員を訪問し、来年の採用については試験を行うので、C氏にはその試験を受けてもらうよう説明する。

❷　募集要項の採用予定者数を2名とし、1名についてはC氏を採用することとし、その旨をB議員へ連絡する。

❸　来年度の職員採用については、試験ではなく、評議員の推薦するものを採用する方法に変更するべく総務課長と相談する。

❹　B議員から送られてくる履歴書を精査し、C氏の経歴が優れている場合は、試験により採用する3名とは別に採用することとする。

❺　C氏には試験を受けてもらうが、その結果にかかわらず合格させることとし、その旨を総務課長からB議員に伝えてもらう。

解　説

　自治体の外郭団体は当該自治体が出資等をしていることが多く、その財源は住民の納める税金である。したがって、その運営にあたっては、透明性を確保し、住民への説明責任が十分に果たされなければならない。このことは、外郭団体が実施する事業の内容はもとより、役員等の選任や報酬、職員の採用にも及ぶものである。

　事例についてみると、B議員は、自分の支援者の長男C氏をX公益財団法人に採用させようとしているが、X公益財団法人は試験によって採用者を選ぼうとしている。住民からみれば、住民のための事業を行う公益財団法人の職員採用にあたっては、優秀な人材が確保されることが望ましい。また、税金によって設立された団体の職員採用において、市議会議員とコネを持つ者が有利に取り扱われたことが発覚すれば、住民からの強い批判を招く可能性がある。したがって、B議員に対しては、C氏には他の採用希望者と同様に、試験を受けてもらう必要があることを説明するべきである。その際、B議員がX公益財団法人の評議員であることを踏まえ、管理職である総務課長からその旨を説明してもらうべきである。

....

❶　妥当である。たとえ、X公益財団法人の評議員の依頼であっても、職員採用の透明性を損なうことは不適切である。ただし、その説明にあたっては、管理職である総務課長が赴くべきである。

❷　誤り。客観的かつ合理的な理由がない限り、競争試験以外の不透明な採用手続を併用すべきではない。

❸　誤り。採用方法を試験から評議員の推薦に変更することは、採用の透明性を低下させることであり、不適切である。

❹　誤り。C氏の経歴が優れていたとしても、❷と同様の理由により不適切である。

❺　誤り。できるだけ優れたものを採用しようという試験の趣旨を損なうものであり、不適切である。

【正解　❶】

「市長に会わせろ」と訴える住民

Q

　Aが係長を務める市の生涯学習係は、市内の体育施設の運営を所管している。近年の健康ブームの影響からか、市のすべての体育施設では、ここ数年間、個人利用客のみで満員となる状態が続いており、市では、今年度、体育施設での団体利用を断ることを規約で定めている。

　ある日、Xが市民プールの団体予約を申込みに来たので、係員が「団体利用は受け付けていない」と言って断ると、Xは、「自分はZ自治会会長であり、市長の後援会にも入っている。これまでもZ自治会で市民プールを利用してきたのに、なぜ今回は利用できないのか」と声を荒らげて主張し出した。A係長が慌てて窓口に出て施設利用状況と規約を示しながら説明しようとしたところ、「君たちでは話にならない。市長と会わせろ」と言って大声で怒鳴り出してしまった。

　こうした場合のA係長の対応として、最も妥当なものはどれか。

A

❶　自治会長は地域住民の代表であり、かつ、Xは現市長の後援会会員だということなので、市長と面会の場を設定するべく調整を行う。

❷　利用状況調査の実施と団体利用を可能とするための規定改正を行うことを約束し、今回は申請を取り下げてもらう。

❸　上司である課長を窓口に出すことによりXとの話合いを継続させ、何らかの打開策を探る。

❹　課長に相談しつつ「申請受付は自分が担当である」と言って、市長への面会は退けつつ、規約を示しながら、粘り強く説得に努める。

❺　課長に報告し、理不尽な要求であることは明らかなので、録音を録ったうえで、警察への通報も視野に入れつつ、話合いを続ける。

　施設の貸出しにあたって定められた規約を守ることは、職員が公平公正な施設運営を行ううえでは当然のことである。これは、要望してきたものが自治会長であっても変わることはなく、誰彼の隔てなく公平公正な態度をとることが、市民の信頼の獲得にもつながるのである。

　事例では、Ｘが、「これまでも市民プールをＺ自治会（団体）で借りてきた」という主張をしていることから、これまでの経緯を調べることは必要であるが、まずは、「市長に会わせろ」というＸの主張を整理することを優先的に行うべきである。Ａ係長は、Ｘが「現市長の後援会会員である」ということも含め、課長に報告したうえで、自らに任された分掌については責任を持ってその職責を果たす、という意思を持って、毅然とした態度で対応していくことが必要である。

　なお、規約は、必ずしも未来永劫正しいと言えるものではない。時代の流れやその時々の情勢に合わせて、規約そのものや、その運用を変えていくことが、むしろ、公平公正な施設運営につながる場合があることを、職員は十分に認識しておく必要がある。決められたとおりのことを遂行しているだけでは、市民サービスの向上を目指すという姿勢に欠けていると言わざるを得ないのである。

❶　誤り。自治会長は地域の代表の１人であることは間違いないが、だからと言って特別な便宜を図るいわれはない。

❷　誤り。具体的な改正の予定のない中で、その場限りで、軽々に約束をしてはならない。

❸　誤り。声を荒らげたとは言え、最初の説明の段階で課長を出すのは早すぎる。まずは自分たちでの解決を目指すべきである。

❹　妥当である。市内体育施設の利用管理は生涯学習係の所掌なので、市長に会わせることなく解決を図るべきである。

❺　誤り。クレーム対応の１つの手法としては妥当だが、脅迫を受けているわけでもなく、行きすぎた対応である。

【正解　❹】

有力議員と縁戚関係にある住民

Q

　Aは、市営住宅の入退居者管理、施設管理などを所管する住宅係に配属されて2年が経過した係長である。ある日、例年のように、市営住宅に入居している全世帯について入居要件の確認を行ったところ、市営住宅に入居する、ある世帯の前年所得額が入居基準を超過していることが判明した。そこで、A係長は、入居基準調査結果を課長に報告し、当該世帯に退去を求めることについて了解を得たうえで、世帯主であるXに、年度末までに市営住宅から退去するように求めた。

　その翌日、A係長のもとに、Xと縁戚関係にあるというY議員から、「昨日、Xから、『市営住宅を追い出されたら生活できない』という相談を受けた。市にも色々と決まりがあることは承知しているが、何とかしてやってもらえないだろうか」といった電話がかかってきた。

　こうした場合のA係長の対応として、最も妥当なものはどれか。

A

❶　電話口で、Xの前年所得額と市営住宅の入居基準を伝え、「便宜を図る余地はない」と答える。

❷　Xに、申請書を提出させたうえで、組織として、「Xは、入居基準を満たしていない」との判定を行い、改めて退去を求める。

❸　課長に相談のうえ、議員の要望を断った場合の後々の影響を考慮し、特例としてXの継続入居を認めることとする。

❹　課長と相談のうえ、Yに対して、「当該住宅は退去してもらうが、Xの退去と退去後の生活に対して支援を行っていく」と約束する。

❺　まずは課長とともに、Yのもとに、「Xは市営住宅の入居要件を満たしていない」旨の説明に行く。

現在、何らかのサービスを受給している市民に対して、資格要件を失ったことなどを理由にサービスを打ち切る、といった決定を行うことは、業務を遂行するうえで十分に起こり得ることである。ただし、それを相手方に通知する前には、相手方の現在の生活状況やサービス提供開始時の背景など、可能な限り多くの情報を収集し、多角的な評価と、起こり得る事態の想定を行ったうえで通知を行う、といった慎重な姿勢が必要である。時には、相手方の生活状況や背景などを勘案し、公益を損なわない範囲で、個別支援を行うことを検討する場合もあるかもしれない。

事例では、Xの継続入居の要望をしてきたのが議員であることを勘案すると、A係長としては、課長と相談のうえ、十分配慮した対応を行うことが求められる。一方で、YはXから相談を受けたことは明らかであるものの、市がXに対して退去を求めるに至った経緯まで十分に理解しているかというと、現時点においては、そこまでは明らかになっておらず、経緯を知らない可能性もあることに留意する必要がある。Yの理解の程度によってその後の対応も異なってくることから、軽率な判断と行為は厳に慎むべきであり、A係長としては、課長の指示を仰ぎつつ、まずは、Yに面会を求め、状況を説明し、理解を求めたうえで、必要に応じて、Xに対する個別支援の策を検討することが妥当である。

❶　誤り。Y議員の理解の程度を確かめることなく、その場で断るのは妥当ではない。また、電話口でXの個人情報を話すことも不適切である。

❷　誤り。再考する余地があれば別だが、そうではないのであれば、いたずらにXの負担を増やすばかりか、信頼を損なうことにもつながる。

❸　誤り。次の行動を起こす前に課長に相談することは妥当だが、議員からの要望のみに基づいて特例を認めることは公平性を損なう。

❹　誤り。Xの具体的な生活状況や行政が支援できる内容を精査する前に、Yに対して支援の約束をしてしまうことは軽率である。

❺　妥当である。まず、YがXからどのような話を聞いたのかを確認し、それから対応策を検討していくことが妥当である。

【正解　❺】

Q

Aは、市の公園係長に着任して3年目となる。年度末が近づき、係内で翌年度の公園管理について検討していたところ、市が公園として活用している土地を長年にわたり無償で貸与しているXが来庁し、「来年度も市に土地を無償で貸与することはやぶさかでないが、その代わり、自分の知り合いを公園管理の指定管理者として指定してもらいたい。それが駄目ならば、有償貸与への切替えや、市での買取りを検討してもらいたい」という主張をしてきた。Xは、この知り合いと頻繁に相談しているようで、市の説明を聞いた直後には納得するのだが、日が経つと同じ主張をしてくる、といった状況である。公園係では、翌年度の公園管理の方針をまだ決めておらず、指定管理、アダプト制度を含め、様々な方策を模索している最中である。

こうした場合のA係長の対応として、最も妥当なものはどれか。

A

❶ Xは土地の所有者であり、一定程度の反対給付があることは当然なので、Xが紹介した事業者との随意契約を締結する。

❷ 特命随意契約の締結は難しいが、Xの主張ももっともであることから、Xが紹介した事業者に有利になるように仕様書を作成する。

❸ Xの要求する指定管理者の件は受け入れ難いので、今後同様のことが起こらないよう、今年度予算でXの私有地を買い取る。

❹ これまでの経緯も含めて状況を課長に報告したのち、Xと当該公園の今後のあり方についての意見交換の場を設けることにする。

❺ Xの行為は無償貸与と指定管理の取引に応じることを求めるものであり、断固として拒否する。

解 説

　市に対して有形無形の支援を行っている個人や団体から何らかの便宜供与を求められることは、業務上、十分に起こり得ることである。

　本事例の場合、「長年、市に土地を無償貸与してきてくれたＸとの関係は大事にしたい。が、一方で、ここでＸの主張を認めてしまっては、行政の公平性、公正性を損なう事態になってしまうので不適切である」といったように様々な思いが沸き上がり、対応を悩ませることとなろう。しかも、この事例では、Ｘ自身に強い思いがあると言うよりも、背後にいるＸの知り合いが、何とかして公園の管理運営に入り込もうという意図があることがうかがい知れることから、Ｘと合意すればよいだけでなく、Ｘの知り合いとも折合いをつけなくては解決には至らないことに留意する必要がある。

　本事例において、Ｘが市に土地を無償貸与し、市がその土地を利用して公園を設置運営しているからと言って、市がＸの主張に従わなくてはならないという合理的な理由は見受けられない。従って、土地の無償貸与と公園の管理運営とは別の事項として整理したうえで、適切な対応をしていかなくてはならない。

　公園の運営・維持には、指定管理、業務委託、アダプト制度、市直営など様々な手法があるため、Ａ係長には、Ｘの話を聞きながらも、主導的立場を崩さず、翌年度の公園管理の方策を定めていく姿勢が求められる。

❶　誤り。土地の所有者に対して、反対給付が当然に発生するというようなことはない。

❷　誤り。Ｘの主張は妥当ではなく、特定事業者に有利になるような仕様書を作成することは不適当である。

❸　誤り。用地取得は計画的に行う必要があり、将来的な資産運用を考えずに目先の判断で購入を決めるものではない。

❹　妥当である。Ｘが有償貸与や買取りを要求していることから、将来のあり方も含めて話合いの場を持つよい機会である。

❺　誤り。翌年度の公園管理の方針も決まっていない中、今後も公園の用に供されるよう、Ｘとの関係をこじらせることは得策ではない。

【正解　❹】

公民館のバリアフリー化を求める住民

Q

　Aは、市の建築課保全係長として、市の公共施設の保全を担当している。今般、市では、「公共施設等総合管理計画」を策定することとし、策定にあたって、広く市民にも参画してもらうため、「公共施設現況報告」を公表した。すると、市内に活動の拠点を持つ建築家のXから、「『現況報告』を読んで、神保町一丁目公民館のバリアフリー化が不十分だと分かった。設計図は自分が作成してもよいので、即刻、改修工事をしてもらいたい」という要望が出された。市でも、施設のバリアフリー化は推進すべき、との考えを持っているが、現在、「総合管理計画」の策定作業中であり、かつ、庁内では神保町一丁目公民館は、近隣の公民館と統廃合する方向で検討を行っており、この方向が決まるまでは改修を行うことはできない。

　こうした場合のA係長の対応として、最も妥当なものはどれか。

A

❶　Xに会って話は聞くが、「財政課が工事に必要な予算を認めてくれない」と言って、バリアフリー化に向けた工事を否定する。

❷　要望に応え、予算の範囲内で一部の工事のみを行い、それ以降の工事は予算が確保された段階で改めて実施することとする。

❸　Xに当該施設は統廃合の方向で検討していることを話したうえで、「Xが集めたお金であればバリアフリー工事ができる」と話す。

❹　Xに会って話は聞くが、「将来的な施設のあり方を検討する中で議論していく」と言って、具体的な返答は保留する。

❺　Xに会って話を聞いたうえで、市の財政状況を説明し、早急な工事は不可能であることを理解してもらう。

解 説

　現在、公共施設等の老朽化対策が大きな課題となっている。このため、総務省は、自治体に対し、人口減少等により公共施設等の利用需要に変化が生じることが予想されることを踏まえ、早急に公共施設等の全体の状況を把握し、更新・統廃合・長寿命化などを計画的に行うことにより、財政負担の軽減・平準化と、公共施設等の最適な配置を実現するため、「公共施設等総合管理計画」の策定を促している。

　さて、開かれた市政を意識して業務を進めていると、庁内で検討している内容を外部の人間にどこまで話してよいか、悩むことがある。市職員とは異なる考えを持つ外部の人間と議論しながら一つのものを作りあげていくのは好ましいが、あまりに多種多様な意見が集まり収拾がつかなくなったり、その後の自由闊達な議論が阻害されるような事態は避けなければならない。検討を行う会議体が非公開であれば庁外に口外無用なことは明らかだが、そうでない場合でも、市民の権利利益に影響を及ぼす可能性がある内容については、十分に注意する必要がある。

　事例の公共施設の統廃合は、一般的に「総論賛成、各論反対」が多いことから、Aは、「意見を承る」という態度にとどめることが適切である。

❶　誤り。Xからみれば、建築課も財政課も市の部署である。Aの発言は内部の問題を訴えているにすぎず、到底理解が得られるものではない。

❷　誤り。全体計画ができていない中で個別に工事を進めては、市全体として調和がとれないばかりか無駄な投資になりかねない。

❸　誤り。「管理計画」の公表前に、個別具体的な検討内容を外部に話すことは適切ではない。また、公民館は広く住民の福祉に供されるものであり、特定の住民に負担を求めるものではない。

❹　妥当である。計画策定のために広く意見を募集していることから、「いただいた意見も含め、今後、検討していく」という回答が妥当である。

❺　誤り。庁内での検討段階であれば本肢の回答が最も妥当であるが、「管理計画」の策定を明らかにしている現段階では、この説明は妥当ではない。

【正解　❹】

交付金の対象経費の拡大を求める自治会長

Q

　Aは、市民課支援係長として、町会・自治会の活動支援を行っている。ある日、市内の町会・自治会連合会会長を務めるXが、自治振興交付金の使途に関する提案を持って市役所を訪れた。Xは、町会・自治会加入率の低下に強い危機感を持っており、様々な意見や要望を持って市役所に来る、市政の協力者である。今回の提案は、「自治会非加入世帯を対象に温泉旅行を催し、自治会への加入を促す」というもので、確かに効果はありそうだが、現在の要綱は交付金の対象を加入世帯に限定しており、対象を拡大することの是非、効果測定の方法などの検討が必要だと思われる。Xは、今夜開かれる町会・自治会連合会の総会で、「市の承認が得られたので早急の事業化を図る」とぜひ報告したい、と強く言ってきている。

　こうした場合のA係長の対応として、最も妥当なものはどれか。

A

❶　「効果が見込めるので、早速要綱を改正する」と約束し、併せて町会・自治会連合会総会での報告を承認する。

❷　今日の総会では、「今後、市と協議を行っていく」との報告でとどめるよう指導する。

❸　「自治会のコミュニティ育成と活動の充実に資するかを十分に検討したうえで回答する」と言って、総会での報告はやめさせる。

❹　加入世帯との均衡を図るため、対象を全世帯にするよう指導し、総会では全世帯を対象とした事業として報告させる。

❺　「現在の要綱では、自治会非加入世帯は対象にできない」と言って、Xの提案を採用せず、総会での報告もさせない。

　市の職員が市民からの意見・要望を聞く場は様々にあり、地域をよくしたい、市政をよくしたい、といった意見は、大いに参考としたい。地域活性化や住民自治を担う市民、市政に対して協力的な市民を増やしていくことが、ソーシャルキャピタル（社会関係資本）を豊かにすることにもつながり、ひいては地域の活性化にもつながっていく。

　事例は、住民自治の一端を担うＸの提案に対して、市はどのような対応をとっていくか、を問うとともに、至急に返事をいただきたい、と言われたときに、市としてどこまでの回答をするか、を問うている。

　町会・自治会は、「地縁」を基礎とし、従来から、地域の生活環境の整備、健康増進、交通安全、防犯、文化活動、相互扶助などを担う重要な団体である。一方で、団塊の世代を含め、地域に活動の場を求める高齢者が増えてきた現在、趣味や特技といった「機縁」でつながり、居住地に制限されず地域活動を行う人も増えており、地域活動の担い手も多様化している。こうしたことから、市は、町会・自治会への支援と、新たな地域の担い手への支援とのバランスをとりつつ、まちづくり政策を進めていくことが必要となっている。Ａは、Ｘの立場を思いつつ、その日のうちに回答できる範囲を見極めたうえで、適切に対応していくべきである。

❶　誤り。検討すべきことがあることは明らかであり、提案内容を十分に吟味せず、空約束を与えるのは妥当ではない。

❷　妥当である。町会・自治会活動の活性化に使命感を持つＸの強い思いを否定せず、現時点で発言できる範囲を明示する。

❸　誤り。Ｘの思いを酌むことをせず、正論を述べることにとどめた場合、今後のＸとの関係にマイナスの影響が懸念される。

❹　誤り。所要額の積算や事業効果の見極めをしないまま、Ｘの提案に承認を与え、更に拡充するよう勧めることは無責任である。

❺　誤り。現行の要綱が常に時代に適合しているという保証はない。見直しの要否を検証しないままに、現行の要綱を理由としてＸの提案を拒否することは妥当ではない。

【正解　❷】

自社との契約を迫る民間企業役員

Q

　Aは、市の管財課契約係長であり、係では、市の契約事務の統括と一定金額以上の契約締結事務を行っている。秋になり、契約係では翌年度の契約の準備を進めていたところ、産業廃棄物処理事業を展開しているXが、市の衛生課資源係長と、庁外で翌年度契約の仕様内容について頻繁に話合いを持っている、という情報が入ってきた。

　実際に、Xがゴミ回収に用いるストッカーや、感染性廃棄物の区分けの仕方などは、同業他社のそれに比べて優れている点が数多くある。しかし、経費が高く、市が求めるサービス水準を上回ったものでもある。また、それらの多くは、Xが特許を取得しており、同業他社が導入することが難しいものでもある。このため、Xの保有する技術を全面的に仕様に盛り込むことは、現行の契約制度においては難しい。

　こうした場合のA係長の対応として、最も妥当なものはどれか。

A

❶　同業他社と比較して非常に優れた技術であることから、Xとの契約を念頭に置いた仕様の作成を指示する。

❷　競争入札にするとXが落札する見込みが低いことから、Xの有する技術を積極的に仕様に盛り込んでいくよう助言を行う。

❸　衛生課資源係長と連絡をとり、契約制度の説明や、業者との接触にあたっての留意点を説明し、状況を改めさせる。

❹　他の事業者を排除するような仕様を書くことは適切ではないので、Xが保有する特許に関する技術は仕様に盛り込まないよう指示する。

❺　Xを市に呼び、仕様を検討するのは市であることを伝え、以後は市から連絡するまでは連絡をしてこないように指導を行う。

　住民ニーズが高度・専門化している今日、すべての行政サービスを自治体の直営で提供することは効率的とは言えず、委託によってサービスを提供していくことも多い。その場合、仕様作成者が最もよいと思う技術の採用ばかりを追求しては、結果として、特定事業者以外の入札を排除し、かつ、必要以上に高額な契約となってしまうこともある。

　また、仕様作成に際して事業者から情報を得ることは、最新の技術動向を把握するうえで有益であるが、１人の職員が特定事業者と継続して話し合うことは、汚職や非行の温床となりかねないことから、組織としては厳重に注意を払うべきである。まして、庁外で行うなどは、言語道断である。

　事例では、資源係長は、契約のルールや事業者との付き合い方を理解しておらず、汚職等非行に関する意識も低いと思われる。このまま放置しては、公正な契約手続きを進めていくことが危ぶまれるばかりか、汚職や非行へと発展してしまう恐れもある。A係長としては、上司の管財課長と連絡をとりつつ、衛生課長や資源係長への働きかけなどにより資源係長の行為を改めさせることを最優先に行い、さらに、市研修担当等と連携し、市職員に対して、委託契約に際しての仕様の作り方や事業者との適切な関わり方について説明をするほか、事業者に対して市職員との間の正しい話合いの持ち方について指導していくことが妥当である。

❶　誤り。市のサービス提供にあたってその技術が必須であるという客観的な事由がない場合には、こうした仕様を作成するのは不適切である。

❷　誤り。X独自の技術が必要不可欠であるという理由が見出だせない以上、このような助言は不適切である。

❸　妥当である。資源係長と特定の事業者を頻繁に接触させることは汚職・非行にもつながりかねないため、早急に介入し、改めさせる。

❹　誤り。ある技術が、市がサービスを提供するにあたって不可欠なものであるならば、それを仕様に盛り込むことはあり得る。

❺　誤り。❸の対応をとったうえで、なお、状況が改善されない場合には、管財課から直接、Xへの指導を行うといった順番で対応するべきである。

【正解　❸】

大量の文書の情報公開を請求する住民

Q

Aは、市の情報公開を担当する広報係長である。秋以降、行政改革を強く求める団体のXから、市の情報公開条例に基づいて、大量の行政文書の開示請求が出された。Xの請求は、「首長・市職員の旅費一式」というもので、非常に多量になることが予想された。そのほか、交際費などについて毎日のように請求してくるため、係の通常業務に支障が生じるようになってしまった。そこで、A係長がXに対し、「開示する資料を絞り込んでいただきたい」と申し入れたのだが、Xは、「当然の権利であり、請求を抑止するのはおかしい。広報係は暇だから、きちんと仕事をさせるためにも、開示請求は続ける」と笑って話を聞こうとしない。係員は疲弊し、抑うつ状態になるものも出てしまった。この場合のA係長の対応として、最も妥当なものはどれか。

A

❶ 情報開示請求は市民の権利であることからそれを断ることなどあり得ず、請求のあった全件について対応する。

❷ 課長に相談し、課長からXに、「これ以上の開示請求は職員の日常業務の遂行に支障が生じるので控えてほしい」と伝えてもらう。

❸ Xが、市の広報係の業務に著しい支障を生じさせることを目的に開示請求を行っているのが明白であるので、開示請求権の濫用にあたることを示し、開示する資料の再考を求める。

❹ Xの情報開示請求は今だけのことなので、広報係の増強によって対応を図る。

❺ 職員にかかる負担の大きさを勘案し、手数料を増額することにより、情報開示請求の数の抑止を目指す。

解説

　情報公開は市民の権利であり、また、行政の側にとっても、行政の透明性を確保するための重要な制度であるため、基本的には、開示請求がなされたものは、全部開示、一部開示、非開示などの別も含め、誠実に対応していくことが、自治体職員が有するべき基本的な姿勢である。

　しかしながら、客観的にみて度を越した開示請求は、行政運営に支障となるばかりか、権利の正しい行使とは言えず、そうした開示請求についても市は対応していかなければならないか、については議論があるところである。

　本事例では、広報係の通常行うべき業務の遂行が困難になっているのみならず、係員に精神的影響が生じていることから、早急な対応が必要である。A係長としては、Xの行為が権利濫用に該当するか否かを見極めたうえで、必要な措置をとることが妥当である。

　なお、総務省では、「行政機関の保有する情報の公開に関する法律に基づく処分に係る審査基準」において、「権利濫用に当たるか否かの判断は、開示請求の態様、開示請求に応じた場合の行政機関の業務への支障等を勘案し、社会通念上妥当と認められる範囲を超えるものであるか否かを個別に判断して行う。行政機関の事務を混乱又は停滞させることを目的とする等開示請求権の本来の目的を著しく逸脱する開示請求は、権利の濫用に当たる。」としている。

❶　誤り。情報開示請求は市民に認められた権利ではあるが、無制限に認められているわけではない。

❷　誤り。既にA係長が申入れをしているにもかかわらず改善がみられないことを考えると、実効性は薄い。

❸　妥当である。Xの行動の意図を酌みとり、毅然とした態度で対応するべきである。

❹　誤り。Xの言動から「今だけのこと」と判断するための根拠を見出だせず、また、一時の人員増強では根本的な解決には結びつかない。

❺　誤り。Xへの対応のために他の市民の権利を制限することは、あってはならないことである。

【正解　❸】

Q

　Aは、市の家庭児童相談室の管理係長になって2年目となる。家庭児童相談室は、まちづくり支所にある組織で、他のまちづくり支所にも同様の部署がある。家庭児童相談室は、庶務担当係である管理係と、具体的な支援を行う相談係と援助係との3係から構成されている。

　ある日、相談係と援助係の係員全員が席をはずしているときに、室あてに、近隣の住民から、「隣の家から子供の泣き叫ぶ声がずっと聞こえてくる。もしかしたら、児童虐待かもしれないので、至急確認をしてほしい」という電話が入った。

　管理係には、これまでに相談援助等の実務を行った経験がある者はおらず、仮に住民からの電話に従い、実際に現場に行っても適切な対応が行えるとは考えにくい。

　こうした場合のA係長の対応として、最も妥当なものはどれか。

A

❶　「担当がいないので対応できない」と言って、後ほど改めて電話をかけてもらうように依頼する。

❷　「担当がいないので折り返し担当から電話をさせていただく」と言って、連絡先を教えてもらう。

❸　連絡先を聞き出し、出張中の相談係長に連絡をとり、相談係の係員から訴えのあった近隣住民のところに連絡を入れさせる。

❹　虐待疑いは至急の対応を要する案件なので、話を聞き取ったうえで管理係の職員で対応し、室長に事後に報告を行う。

❺　至急の対応が必要な場合もあるので、話を聞き取ったうえで、室長に報告し、県の児童相談所等に連絡を行う。

解説

　専門的な知識や経験、能力を要するような業務を担っている部署では、通常、係のすべての係員が不在になることがないようにシフトを組むものだが、時として、すべての係員がいない時間ができてしまうことがある。さらに、担当がいないときに限って、至急の対応を迫られるようなことが何故か起こる。こうした場合、そこにいる職員で対応できる案件か否かを速やかに見極め、適切な対応をとっていくことが求められる。

　本事例では、児童虐待の疑いがあることから早急に対応をとらなくてはならないが、管理係にはこうした専門的な事案に対応し得る職員が1人もいないことから、管理係のみでの対応が困難であることは明白である。そこで、管理係長のAとしては、訴えの内容を聞き取ったうえで、室長に報告し、室長の指示を仰ぐことが、最も適切な対応となる。

　さらに、室長にも十分な知識・経験がない場合には、他の家庭児童相談室、本庁の児童福祉部門などに相談し、対応方針を決めていくことも有効である。また、内容が高度に専門的で、かつ、身近に相談相手がいない場合には、都道府県の所管窓口に問い合わせるのもよいだろう。

　いずれにしても、至急の案件の場合、案件を放置せずに上司へ相談し、その指示を仰ぐことはもとより、他の部署とも連携しながら、その場その場で最も適切な方法をとっていくことが重要である。

❶　誤り。児童の生命や身体の保護を要する場合も想定されるため、後ほど改めて連絡を求めるのは、危機管理の観点から不適切である。

❷　誤り。いたずら電話かもしれないので連絡先を聞き取るのは重要だが、肢の内容は、❶と同様に危機管理の意識が希薄である。

❸　誤り。出張中の相談係長が、すぐに近隣住民に連絡を入れることが可能か否か分からないことから、妥当とは言えない。

❹　誤り。本事例では、至急の案件か否かまでは分からないが、室長への報告をしないで専門外の管理係が対応するのは適切とは言えない。

❺　妥当である。室長に報告し、室長の指示のもと、相談係や援助係と連絡もとりつつ、児童相談所等へ連絡し、適切に対応していく。

【正解　❺】

空き家についてクレームを言う住民

Q

Aは、市建築課住宅係に配属されて1年目となる係長である。

昨年来、住宅係には、住民Xから、「隣の空き家にはいつも野良猫やカラスがいて生活環境や治安が大変悪い。市は広報で、『空き家対策を積極的に進める』と言っているが、全くやる気を感じない。持ち主に住む気がないのなら、空き家バンクに登録させる、市が借りてコミュニティセンターにする、など方法があるはずで、何もしないのは市の怠慢。至急解決してもらいたい」という訴えが寄せられている。

市では、生活環境についての苦情は生活環境課の所管、空き家対策は建築課住宅係の所管となっている。また、当該空き家の持ち主とは継続した話合いの場を持っている。なお、現在、市では、行政代執行も含めた空き家対策条例の制定の準備を進めている。

こうした場合のA係長の対応として、最も妥当なものはどれか。

A

❶　私人間の問題であり、民事で解決すべき案件なので、弁護士に相談し、民事調停で解決を図るべき、と言って要望を退ける。

❷　悪臭、建物倒壊の恐れなどの、具体的な目にみえる問題が生じた段階で改めて連絡するように依頼し、要望をいったん退ける。

❸　今後、空き家対策条例を制定する予定であり、条例制定後に強制撤去することを伝え、納得してもらう。

❹　生活環境の悪化が苦情の具体的な内容なので、生活環境課に連絡し、Xへの対応も含め、速やかな対処を求める。

❺　既に、空き家の持ち主との話合いを複数回重ね、解決に向けた取組みを進めていることを、可能な範囲で説明し、納得を得る。

解 説

　近年、人口減少や高齢化が進展する中で、空き家の増加が問題となっている。空き家の問題は、一義的には私有財産の管理に関する問題であるが、長期間にわたり放置されることにより、雑草・悪臭などの生活環境の悪化、景観の悪化、不法侵入などによる治安の悪化、土地家屋未利用による不経済などの様々な問題を生じさせてしまう。こうしたことから、現在、全国の自治体では平成27年5月に完全施行された「空き家対策特別措置法」に基づいて定められた「空家等に関する施策を総合的かつ計画的に実施するための基本的な指針」に沿って、様々な対策が進められている。

　事例で住民Xは、「生活環境に関する問題」を主な訴えに据えながら空き家対策を求めてきているが、空き家問題は、個々の事案ごとに原因も解決策も様々であり、また、解決策も、「建物除去」「建物活用」の両面から全庁の各部門にまたがって検討される必要があるため、A係長には、いたずらにクレームの内容に振り回されることなく、冷静な対応をしていくことが求められる。

❶　誤り。住民Xは、隣家の持ち主との話合いの場が持てずに、行政に話を持ち込んできたという背景も考えられるので、行政が間に入って対応していくことが必要である。

❷　誤り。訴えの初期ならばこうした対応もとり得るが、昨年来訴えが続いていることから、こうした対応では、「市は現状を把握していないのか」と、更なる苦情を呼び起こす恐れがある。また、実際に、生活環境や治安上に問題が生じているのであれば、早急な対応が必要である。

❸　誤り。庁内で検討段階の内容を外部の人間に話すことは、問題である。

❹　誤り。生活環境課と情報共有し、今すぐにやるべきことを依頼することは当然だが、Xの対応を含めて依頼することは、空き家対策を担う部署としては無責任である。

❺　妥当である。個別具体的な対応が必要であり、時間がかかる場合もあることから、既に空き家の持ち主との話合いを始め、解決に向けた取組みを進めていることを説明し、納得を得ていくべきである。

【正解　❺】

学校跡地利用に関する住民説明会の進行

Q

Aは、市の企画課企画担当係長として、公共施設のファシリティマネジメントを担当している。市内の旧市立第二小学校は、廃校後に、旧校舎を、地域活動を行う団体Xに貸与してきたが、近年、Xの構成員の高齢化が進み、旧校舎のすべてを使っての活動が困難になってきた。そこで、市では、旧校舎について、当面5年の間、従来のXの活動に加え、インキュベーションセンターや保育園などの事業を民間事業者の手によって運営させることとした。

今般、旧校舎の利用方法について、旧第二小学校近辺の公民館において住民説明会を開催することにした。地域には、市の考えに理解を示す声がある一方で、民間事業者が運営することで地域の拠点としての役割が薄れてしまうことを危惧する声もある。

こうした場合のA係長の対応として、最も妥当なものはどれか。

A

❶ 学校施設は市が所有する行政財産であり、住民説明会の場では決まったことの報告を淡々と行う。

❷ 学校の持つ特殊性を十分考慮に入れ、学びと親和性の強い芸術、創業、子育てといった事業に活用することを説明し、理解を求める。

❸ 市の財政状況や今後の人口推移などを説明し、学校跡地利用に対する理解を求めていく。

❹ 今回の利用方法は5年と年限を区切ったものであり、恒久的な利用ではなく暫定的なものであることを強調し、理解を求めていく。

❺ X団体の活動実績を示しながら、Xの存続のためにも今回の取組みが必要であると訴え、理解を求めていく。

　少子高齢社会・人口減少社会においては、必要となる公共施設の規模は縮小していくことが見込まれる。今後、大幅な税収増が見込まれない中、高度経済成長期に建てられた公共施設は更新時期を迎え、公共施設の管理の考え方においても、「選択と集中」が求められる。ところが、住民としては、これまで身近なところにあった公共施設がなくなることによる利便性の低下や、心の拠りどころの消失を危惧するため、公共施設の統廃合に対して、「総論賛成、各論反対」の姿勢を示すことも多い。そうした中にあって、職員は、いたずらに住民と対立することなく、住民の理解を求めつつ、施設の統廃合や後利用を含む、適切な管理を進めていかなくてはならない。

　事例では、廃校後の利用を任されていた団体の高齢化が進み、団体単体では旧校舎の維持管理ができなくなってきた現状を踏まえ、新たな活用策を模索し、住民説明会で理解を求める段階までこぎつけた、というものであり、旧校舎が適切に維持管理されていくためにも、この住民説明会を成功裡に収め、住民の理解を得たいところである。A係長としては、住民感情に寄り添うためにも、当該施設が持つ性格や地域で果たしてきた役割も十分に考慮に入れながら、理解を求めていくことが重要である。

❶　誤り。行政が決めたことをただ伝えればよい、という住民との対話を避ける姿勢は、地域住民の反感を買うばかりで、到底理解は得られない。

❷　妥当である。学校に限らず、その施設に対する地域住民の思いを受け止めつつ、新たな用途への転用への理解を求めていくことが重要である。

❸　誤り。今回は旧第二小学校の跡地（廃校）利用についての住民説明会である。総論に終始してしまっては、不信感を招く。

❹　誤り。とりあえず認めてくれ、という姿勢で説明会を乗りきろうとすることは適切ではない。

❺　誤り。Xの活動の存続と旧第二小学校の後利用は同一に論じるものではない。施設をどのように住民サービスに活かしていくかを説明し、理解を求めていくべきである。

【正解　❷】

他の部署への口利きを求める企業

Q

　Aは、全庁的な調整を担う、企画部企画調整課調整係長を務め、日ごろから、事業者と話す機会も多い。本年度、市では、外国人旅行者の利便性向上のため、観光協会に委託して無料Wi-Fiスポットの整備を進めている。そんな折、以前から面識のあるX通信事業者営業担当部長のYが来訪し、「観光協会の担当が、色々と難癖をつけて入札への参加を認めてくれない。弊社に落ち度があるのなら自分が謝りに行くが、自分とは会ってもくれない。このまま嫌がらせを受け続けて入札参加ができないのなら、法的手段に訴えようとも考えている。何とかしてくれないだろうか」と訴えてきた。市では、整備したWi-Fiスポットをまちづくりへ活用することを計画しており、今後、データ解析やアプリ開発などで通信事業者との付合いも多くなりそうである。

　こうした場合のA係長の対応として、最も妥当なものはどれか。

A

❶　「所管が異なるので、対応できることはない」と言って、観光協会を所管する部署へ行って話をすることを勧める。

❷　「観光協会の所管部署に問い合わせて状況を確認してみる」と言って、その場は引き取ってもらう。

❸　「観光協会の担当の言動の不条理さは明白であり、観光協会を所管する部署にしっかりと改善を求めておく」と話す。

❹　話はひととおり聞くが、観光協会の担当が、Xが訴えるような言動をするとは考えにくいので、そのまま放っておく。

❺　企画部でできることは何もない、という結論は明らかなため、対応を部下の係員に任せる。

解 説

　庁内外を問わず顔見知りが増えてくると、現在の業務と直接関係がないと思われるような案件についての相談を持ち込まれることも出てくる。こうした場合、①「所管外であり、自分にできることはない」と断る、②「知り合いがいるので少し話を聞いてみる」と話す、③「知り合いがいるので話が通るように調整してみる」と話す、などの対応が考えられる。どのような対応が適切かは個別の事例ごとに異なるが、相手方に「あなたなら何とかしてくれるはず」という期待があるからあなたに相談を持ち込んできた、ということを忘れてはいけない。こうした積重ねが財産となる。

　事例は、庁内調整を主たる業務とするA係長の業務に直接関係はないが、今後の市の施策の展開に際して関係が生じることが十分に予想される業種の事業者から持ち込まれた相談であり、過度に冷たい対応をとることは適切ではない。しかし、特定の事業者に便宜を図るような行動は厳に慎むべきであり、どこまで対応するのかは、判断を要するところである。

　Xが「法的手段に訴える」とまで言っていることから、観光協会の担当の対応には通信事業者の側に不満がたまるような言動があったことも予測される。A係長としては、所管部署を通じて、観光協会にXの訴えについての情報を提供し、丁寧な対応を求めていくことが妥当である。

❶　誤り。対応できることに限界があることは事実だが、せっかく頼ってきた事業者を追い返すような言動は適切ではない。

❷　妥当である。状況が分からないうちは、どのような対応が適切かといった判断もできない。まずは状況確認から始めることが妥当である。

❸　誤り。一方からの意見を聞いただけでは判断を誤りかねない。双方の説明を聞いて、内容を整理してから、次の行動を決めるべきである。

❹　誤り。話を聞けば済むというのでは認識が甘い。また、「観光協会の職員がそうした言動をとるはずがない」というのは、Aの思込みにすぎず、判断の根拠とすることは不適当である。

❺　誤り。Aを訪ねてきたのに、対応を部下に任せて自らは対応しない、という姿勢は不適切である。

【正解　❷】

施設の統廃合について意見を述べる有識者

Q

　Aは、市の高齢福祉課計画係長を務めており、現在、計画期間を5年間とする「地域包括ケア」に関する計画の年度末公表を目指して、策定作業を進めている。本計画策定では、庁内の部長級職員、有識者や公募委員等から構成される策定委員会を設け、5月から月1回のペースで議論を行ってきた。秋に「中間のまとめ」を公表、パブリックコメントを実施したのち、2月に「素案」を公表し、再度、パブリックコメントを実施した。すると、大学教授Xから、コンパクトシティの推進と、ロボットの積極的な導入を図るべき、という意見が寄せられた。Xの案は、人口減少や介護人材不足、ICTの進歩等を考えると一考に値するものであるが、現行の市総合計画にはコンパクトシティの記述はなく、今回の計画に盛り込むのは現実的とは言えない。

　こうした場合のA係長の対応として、最も妥当なものはどれか。

A

❶　市の総合計画と合致しないことから実現可能性に乏しいことは明らかなので、策定委員会への報告は行わず、ファイルに綴っておく。

❷　今後の市の方向性を考えるうえで有益だと考えられるので、策定委員会において、計画に盛り込むか否かの議論を行ってもらう。

❸　コンパクトシティの推進は、市の総合計画において検討する事項であるので、総合計画を所管する部署に回付し、別途、回答させる。

❹　議論する時間は残されていないので、委員会へは、意見の紹介とともに、「今後の市の総合計画の検討の中で議論する」と報告する。

❺　直接、Xに会い、市の総合計画におけるまちづくりの考え方について説明し、意見を取り下げてもらう。

解 説

　市の計画や条例などの検討の途中段階でパブリックコメントを実施する場合、寄せられた意見をどのように取り扱うか、悩むことがある。もちろん、寄せられた意見の１つひとつについて丁寧に検討し、可能な限り誠実に回答していくことが基本であるが、「今回の検討範囲とは、ちょっと違うのだけど…」といった意見の場合、対応に苦慮してしまうことがある。

　事例は、「地域包括ケア」の計画策定の大詰めに行ったパブリックコメントで寄せられた意見が、「本策定委員会で検討する範囲に含まれないとは言い難いが、本策定委員会で検討するにはテーマが大きすぎる」という内容について、事務局がどのような回答案を作成し、策定委員会の了解を得るか、というものである。意見を寄せた側からすれば、どの部署であっても「市」であることに変わりはなく、公募委員も同じである。そこで、A係長としては、策定委員会の構成員には、計画策定のスケジュール、寄せられた意見を検討するべき部署の紹介、意見に対する今後の対応や検討の仕方を説明し、理解を求めていくことが適切である。

❶　誤り。実現可能性の高低によって策定委員会に報告するか否かが変わることはない。寄せられたすべての意見を、報告するべきである。

❷　誤り。秋に「中間のまとめ」について意見募集を行っており、２月の「素案」ができ上がった段階で計画の方向性にも関わる「まちづくり」についての議論を始めてしまうと、収拾がつかなくなる恐れがある。

❸　誤り。「地域包括ケア」を検討する委員会が策定している計画に対しての意見であり、他の部署に回付して丸投げするのは妥当ではない。事務局は、所管部署とよく調整し、回答案を作成するべきである。

❹　妥当である。❷に加え、提案意見は市の総合計画に記述がないことから、策定委員会には、「今回の委員会では議論せず、市の総合計画の所管部署と一緒に検討していく」と報告し、構成員の了解を得る。

❺　誤り。寄せられた意見への個別対応は否定しないが、パブリックコメントに寄せられた意見の取下げを求めることは誤りである。

【正解　❹】

Q

　A係長は、地域振興課の庶務係長である。地域振興課では、今年度の目玉事業として、地域の商店街と協力した「X町フェスティバル」を企画している。既に企画内容は決まっているが、いかにして多くのマスコミに取り上げてもらうか検討中であり、広報戦略は固まっていない。現在は発表のタイミングを慎重に探っているところである。

　そんな折、Y新聞社のZ記者から、「X町フェスティバル」の企画内容が決まっているならば取材したいという連絡が地域振興課に入ったが、あいにく課長は終日外出して連絡がとれない。Z記者は、取材の相手は課長でなくても企画が分かれば誰でもよいと言っている。A係長は、どのように対応したらよいか。

A

❶　イベントの内容が分からないように、適当に質問をはぐらかしながら取材に応じ、課長不在の状況を乗り切る努力をする。

❷　今回の取材は「取材は課長対応が原則になっている」ことを理由に断り、明日以降は課長がいるので取材に応じられると伝える。

❸　住民へのアピールをしてもらうため、取材に応じ、固まっている企画内容を、できる限り詳細に説明をする。

❹　情報漏れを防ぐため、勝手に記事にしないことを約束してもらったうえで、固まっている企画内容を説明する。

❺　今回の取材は「まだ詳細は固まっていないこと」を理由に断り、発表ができる段階になったらこちらから連絡すると伝える。

解 説

　イベント関連事業は、住民に周知するための広告宣伝費が限られる場合が多い。予算が限られる状況では、マスコミに報道として取り上げてもらうパブリシティは、特に重視される。マスコミとのパイプがあれば、行政側の意向を反映してもらえる可能性が高まるので、信頼関係の構築は重要である。ただし、マスコミは、特ダネを求める傾向があり、情報提供は慎重に行うべきである。

　事例では、Y社1社の取材に応じてイベント内容が記事になると、それ以外のマスコミ各社にとっては、新規性が薄れてしまうばかりか、他社の反発を招く恐れもある。また、イベント情報の価値が下がり、全体でみると紹介される機会も減ってしまう。パブリシティを増やしていくため、単独取材は何らかの理由をつけて避けるべきである。ただし、近日中には発表し、Y社にも取り上げてもらいたいので、Z記者の心証を害さないような丁寧な対応が必要である。

❶　誤り。不誠実な取材対応では、Z記者の心証を害してしまうので、内容を話すことができない場合は、理由を説明して断るべきである。

❷　誤り。課長であっても、発表のタイミングを探っている段階では取材に応じられないので、その場しのぎの断り方は避けるべきである。

❸　誤り。せっかくの取材だが、パブリシティの視点からは1社だけへの情報提供は避けるべきである。

❹　誤り。Z記者が必ず約束を守るという保証はないので避けるべきである。

❺　妥当である。このタイミングでの取材は断るが、今後を考えてZ記者とのパイプを維持するような対応が望ましい。

【正解　❺】

Q

　A係長は、土木課施設工事係長である。施設工事係は、道路工事の発注、契約等、事業者との接点が多い。

　土木課長が不在の金曜日の午後、X新聞社のS記者から土木課に連絡が入った。「施設工事係のB主事が、Y工務店のM社長と親密な関係にあり、夜の宴席を共にしたり、休日一緒にゴルフをしている。Y工務店は市道工事を多数受注しており、B主事が何らかの便宜供与を行っていることは間違いないという内容の内部告発文書を入手した。この内容が事実なのか確認したいので、取材したい」との申入れであった。Y工務店は、土木課が所管する複数の工事を受注しているが、B主事と特別な関係があるという話はこれまでなかった。内部告発文書の内容が事実なのか、単なる怪文書なのかも分からない。このような状況において、A係長はどのような対応をとるべきか。

A

❶　積極的に取材を受け、内部告発文書の入手経路や今後のX社の報道方針などを逆取材する。

❷　S記者が指摘するような事実は一切ないので、取材を受けることはできないと断る。

❸　取材を受ける立場にある課長が不在であることを理由に、取材の延期を申し入れる。

❹　マスコミからの取材申入れには誠実に対応するべきなので、とにかく取材を受ける。

❺　内部告発文書の入手経路を教えてもらうことと取材内容を記事にしないことを条件に、取材を受ける。

解 説

　職員の不祥事が起こったときのマスコミ対応は、初期段階の対応を間違えてしまうと、後々まで尾を引くので慎重に行う必要がある。例えば、未確認事項を曖昧なままで発表してしまうと、その情報が後で誤りと判明しても、訂正することは容易ではない。一方で、事実を隠していて、後でそのことが分かるとマスコミからの厳しい批判にさらされる。

　事例では、職場よりも先にX新聞社のS記者が職員の不祥事の情報を入手して、その内容を確認しようというものである。しかしながら、S記者が拠りどころにしているのは、内部告発文書であり、その真偽は分からない。こういった場合は、事実関係を確認し、どの程度まで話すことができるかシナリオをつくったうえで取材に応じることが望ましい。そのため、記者が納得する理由を見つけて、取材を先延ばしすることが賢明である。管理職の不在は、取材に応じられない理由になるし、金曜日の午後であることを考えれば、ここを乗りきればある程度の時間が確保できる。時間を稼いでいる間に事実関係を確認し、改めて取材を受けたい。

❶　誤り。この時点で積極的に取材を受けるべきではなく、逆取材も特に必要はない。

❷　誤り。事実関係が不明な時点で否定してしまうと、後になって違う事実が出てきた場合の対応が難しくなる。

❸　妥当である。課長の不在は記者を納得させるギリギリの理由と考えられ、延期した間に事実関係を確認する。

❹　誤り。マスコミとの信頼関係は重要であるが、事実関係がはっきりするまで取材は避けたい。

❺　誤り。編集権はX新聞社が握っているので約束が守られる保証はない。

【正解　❸】

事業に支障を与えかねない取材

Q

Aは、保健福祉課管理係の係長である。

4月に保健福祉課管理係が事務局となり、市の関係部所に外部有識者を加えた社会福祉をテーマとした非公開の検討委員会を立ち上げ、庁内で検討を行ってきた。約半年にわたる議論の末、現在、低所得者向け医療費の一部助成を行う方向でまとまりつつあり、次回の会合で最終決定し、報道機関にも公表する段取りになっている。そのような中、X新聞社のT記者から、検討委員会について次のような取材の申入れがあった。「所得制限なく全市民向けに医療費の一部が助成されるようだが、その確認をとりたい」とのことであった。『全市民向け』は財源の問題から、断念した経緯があるが、一部の委員からは、現在でも対象を低所得者に限るべきではないとの声がある。このような状況で、A係長はどのような対応をとるべきか。

A

❶ 委員会では何も議論が進んでいないので、お話しすることはないとして、一切取材に応じない。

❷ 議論の詳細内容については、次回委員会後にしか伝えられないが、お話しできる部分もあるとして、取材に応じる。

❸ 次回の委員会後に報道各社に向けて、詳細を公表するのでそれまでは個別取材は断っているとして、一切取材に応じない。

❹ 記事にするのは次回の委員会開催後にすることを条件に、取材に応じる。

❺ 取材を受ける立場の課長が不在で対応できるものがいないとして、取材に応じない。

解 説

　マスコミは第四の権力と言われるように世論を動かす力を持っている。1つの記事の書き方で、行政が行う事業や施策がうまくいくことも、失敗したり批判されたりすることもある。行政職員としては、敵に回すことなく良好な関係を築いておきたい。都合の悪い取材の申込みがあった場合、取材を先伸ばししても事態の好転が見込めないならば、時間稼ぎは記者の心証を害するだけで望ましい対応とは言えない。

　事例については、議論の最終段階で結論が出る直前であり、できれば取材を避けたいタイミングである。しかしS記者が把握している内容は、事実と異なるうえに、一度議論して否定された内容であり、最終会合前にそのような記事が出ると、再び議論が蒸し返され、委員会としての意見統一が図れない可能性がある。取材を断って誤った憶測記事を書かれてしまうより、現時点までの議論を伝え、正しい方向に持っていくことがより重要だろう。できるだけ丁寧な対応で好意的な記事にしてもらう努力をするべきである。

❶　誤り。議論が進んでいないという理由は正確ではないし、取材を断れば誤った記事を書かれてしまう懸念がある。

❷　妥当である。答えられる範囲で誠実に対応することが今後のマスコミとの関係を考えても得策だと言える。

❸　誤り。取材に応じないことも1つの選択肢だが、この場合、誤った内容が記事になってしまう可能性が高い。

❹　誤り。記事の編集権はX新聞社にあるので、条件をつけても守られない可能性が高い。

❺　誤り。管理職の不在を理由にしても、委員会開催までまだ日数があり何度も同じ理由で断ることはできない。

【正解　❷】

Q

　A係長が配属されている農産物流通係は、X市の特産品の消費拡大イベントの開催や流通経路の開発・拡大などの業務を担当している。

　今年に入り、A係長は、市長から直々に特産品の知名度アップを図るように指示を受け、全国有数の収穫量を誇る「もも」をアピールする新規施策の検討を続けてきた。その結果、「もも」をアピールするご当地キャラクターを選定しキャンペーン活動を行っていくことになった。ご当地キャラクターを選定するコンテストでは、応募者を集めたうえで、会場にも多くの市民に足を運んでもらう必要がある。そのため、いかに市民の関心を高めていくかが大きな課題であるが、係の広報予算は限られている。市長も臨席するコンテストを成功させるため、これまでにない発想が求められている。A係長が最も力を入れて行うべき事柄は、次のうちどれか。

A

❶　係員で手分けして複数の新聞社を個別に訪問し、記事にしてもらうように依頼する。

❷　予算の範囲内でポスターを用意し、市立図書館などの公共施設に掲出する。

❸　知り合いの新聞記者に対して、1社単独の特ダネ扱いでの紙面掲載を依頼する。

❹　市長がコンテストの開催発表を行うなど、ニュースソースとしての価値を高める。

❺　イベントの開催情報について、市の情報誌やホームページでの掲載を行う。

解 説

　自治体が行うイベントの周知広報としては、公共施設へのポスターの掲出、市の情報誌やホームページでの紹介などが一般的である。より高い効果が見込めるテレビコマーシャルや新聞広告は、費用の面から実施が困難な場合が多い。限られた予算でより効果的なPRを行うためには、PRしたい事柄や発表方法を工夫し、ニュースソースとしての価値を高め、マスコミに関心を持ってもらうことが必要である。マスコミに住民に知らせたい情報と感じてもらえれば、広告費を払わずにテレビニュースや新聞記事として紹介される。パブリシティは、費用をかけずに住民への周知を図る最も有効な手段の1つと言える。

　事例のような市長の肝いりイベントを担当する係長としては、一般的に行われる広報の取組みだけでは十分とは言えない。多くの住民に知ってもらい、多数の参加者を確保するために、効果的なパブリシティを実現させる取組みが必要である。そのため、マスコミが関心を持つように係長として課長とともに市長に働きかけ、市長によるトップセールスを行ってもらうなど、ニュースソースとしての価値を高めていく工夫が必要である。

❶　誤り。新聞社を個別に訪問して依頼しても、マスコミの関心を引かなければ記事になるとは限らない。

❷　誤り。ポスターを公共施設に掲出することは当然行うが、今回はそれだけでは不十分である。

❸　誤り。仮にある程度の紙面を確保できても、1社単独では、広く住民に訴求することは難しい。また、特定の新聞社に対してだけ情報を流すべきではない。

❹　妥当である。効果的なパブリシティを実現させるため、市長の知名度を活かすなどの工夫が必要である。

❺　誤り。市の情報誌やホームページでの掲載も当然行うが、今回はそれだけでは不十分である。

【正解　❹】

■ どうしたら課題が解決できるか、を考えよう

「優秀な職員は、課題を提起されたら、その場でできない理由を5つは挙げる」と言われる。

少子高齢社会の進展などにより、住民ニーズの多様化・複雑化が進んでいる。税収の大幅増や職員数の大幅な増加が見込みづらい自治体が単体でできることには限界があり、すべての住民ニーズに行政が単体で対応していくことは、現実的には不可能である。「それは○○○といった理由から実現は困難です」と言いたくなる気持ちも分からなくはない。

しかし、提示された課題を否定するところで思考が停止してしまっては新しい行政サービスは生まれず、住民福祉は決して向上しない。

近年、新しい技術も多く生み出され、公共課題の解決に熱い視線を向ける民間事業者も増えてきている。あなたの頭脳を、「できない理由探し」にではなく、「できるようになるための手段探し」に振り向けていただきたい。

事例で学べる行政判断　係長編　第1次改訂版　　　Ⓒ　2019年

2016年（平成28年）　6月29日	初版第1刷発行
2017年（平成29年）　10月28日	初版第2刷発行
2019年（令和元年）　5月24日	第1次改訂版第1刷発行
2020年（令和2年）　9月10日	第1次改訂版第2刷発行

定価はカバーに表示してあります。

編　　　者　　自治体行政判断研究会

発 行 者　　大　田　昭　一

発 行 所　　公　　職　　研

〒101-0051
東京都千代田区神田神保町2丁目20番地
TEL03-3230-3701（代表）
03-3230-3703（編集）
FAX03-3230-1170
振替東京　6-154568
http://www.koshokuken.co.jp/

ISBN978-4-87526-388-3 C3031

合格する昇任論文実践講座　　　　　　　　●本体価格 1,900円

　試験実施団体の論文試験を徹底分析。合格論文を作成するためのポイントと最新情報を満載した"必ず合格論文が書けるようになる"対策書。

昇任論文ポイント＆フォーマット作成法　　　●本体価格 1,750円

　こんなに丁寧な論文試験対策書はありません。論文の勉強をこれから始める人、論文に苦手意識のある人にはお勧め。必ず合格ラインの論文が書けます。

重点ポイント昇任試験時事問題 年度版　　　●本体価格 1,950円

　昇任試験の時事問題対策の唯一の対策書。毎年8月頃刊行の年度版。今年の重要テーマを100問で総整理し、分かり易い解説も益々充実。

地方自治法よく出る問題123問　　　　　　●本体価格 1,950円
地方公務員法よく出る問題108問　　　　　●本体価格 1,850円

　首都圏、政令市で一番売れている択一問題集。分野毎の頻出重要問題を完全網羅。効率良く問題演習をするならこの2冊で。

昇任試験地方自治法精選問題集　　　　　　●本体価格 2,200円
昇任試験地方公務員法精選問題集　　　　　●本体価格 1,800円

　大規模難関自治体の昇任試験、択一対策の定番。体系的に確実な知識と応用力を身につけることができる問題集です。

ケーススタディ係長の職場マネジメント　　　●本体価格 2,100円

　職場での様々なケースに係長としてどう対応するか。係長の仕事を徹底分析、豊富な事例で具体的な解決策を提案します。

 公職研